Les maths et moi

Fichier d'entrainement - CP

Nombres et calculs

Véronique Lacour

Le stylo de vero

Sommaire

Période 1

1. Dénombrer des collections de 0 à 5 objets (1)
2. Dénombrer des collections de 0 à 5 objets (2)
3. Comparer des collections de 0 à 5 objets
4. Situations d'additions
5. L'addition, le symbole +
6. Dénombrer des collections de 1 à 6 objets
7. Le répertoire additif jusqu'à 6
8. Ordonner, ranger
9. Les nombres de 0 à 7
10. Le répertoire additif jusqu'à 7

Bilan 1

11. Les nombres de 0 à 8
12. Le répertoire additif jusqu'à 8
13. Les nombres de 0 à 9 (1)
14. Les nombres de 0 à 9 (2)
15. Le nombre 10
16. Les nombres de 0 à 10
17. Les additions

Période 2

18. Les doubles jusqu'à 5 + 5
19. Le répertoire additif jusqu'à 10
20. Les euros
21. La soustraction (1)

Bilan 2

22. Les nombres de 11 à 19 (1)
23. Les nombres de 11 à 19 (2)
24. Décomposer les nombres jusqu'à 19
25. Les nombres ordinaux (1)
26. Les nombres ordinaux (2)
27. Grouper par 10
28. Comparer des nombres
29. Additionner 2 nombres à 1 chiffre pour un total supérieur à 10
30. Additionner 1 nombre à 2 chiffres avec un nombre à 1 chiffre pour un total inférieur à 20
31. La soustraction (2)
32. La soustraction (3)

Bilan 3

33. Différentes écritures de l'addition
34. Grouper par 10 : dizaines et unités
35. Les doubles jusqu'à 10 + 10

Période 3

36. Les nombres jusqu'à 29
37. Tableau des nombres jusqu'à 29
38. Les nombres jusqu'à 39
39. Suite des nombres jusqu'à 39
40. Lire et écrire les nombres jusqu'à 39
41. Tableau des nombres jusqu'à 39
42. Comparer les nombres jusqu'à 39
Bilan 4
43. Reconnaître et écrire les nombres
44. Additionner en passant par 10
45. Compléter à la dizaine supérieure
46. La table d'addition (1)
47. Les nombres jusqu'à 49
48. Comparer les nombres jusqu'à 49
49. Décomposer les nombres jusqu'à 49
50. Compter de 2 en 2, de 3 en 3…
51. Additionner des dizaines
Bilan 5
52. Les nombres jusqu'à 59

Période 4

53. Ecrire les nombres jusqu'à 59
54. Comparer les nombres jusqu'à 59
55. +10 ou +1, -10 ou -1
56. Dénombrer jusqu'à 69
57. Tableau des nombres jusqu'à 69
58. Comparer et ranger les nombres jusqu' à 69
59. + ou – des dizaines entières
60. La table d'addition (2)
Bilan 6
61. Ajouter 11
62. Ajouter 9
63. Enlever 11
64. Enlever 9
65. Ecrire les nombres de 60 à 79
66. Tableau des nombres jusqu'à 79
67. Comparer, ranger : inférieur, supérieur
Bilan 7
68. Les moitiés

Période 5

69. Calculer la moitié d'un nombre
70. Les nombres de 79 à 89
71. La famille du nombre 80
72. Calculer des sommes
73. L'addition en colonnes (1)
74. Poser une addition en colonnes (2)
Bilan 8
75. Les nombres de 80 à 99
76. Le tableau des nombres jusqu'à 99 (1)
77. Le tableau des nombres jusqu'à 99 (2)
78. Comparer les nombres jusqu'à 99
79. Additions en colonnes (3)
80. Additions en colonnes avec retenue
81. Devinettes (1)
82. Devinettes (2)
Bilan 9

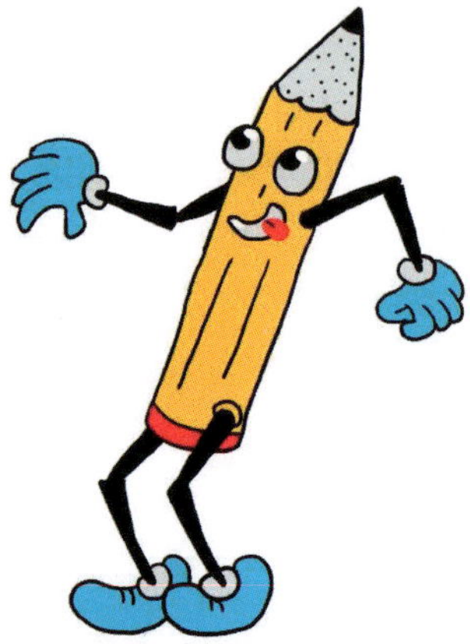

Pictos des consignes

	Colorie		**Relie**
	Dessine	ami	**barre**
2	**Ecris** un nombre	2 + 1 = 3	**Calcule**
	Entoure	ami	**Souligne**
a	**Ecris** une lettre ou un mot		**Coche**

L'exercice est **réussi**

L'exercice comporte **quelques erreurs**

L'exercice est **à revoir**

1. *Calcul mental* : **Colorie** le nombre dicté.

1 2 3 4 5 | 1 2 3 4 5 | 1 2 3 4 5

2. *Dénombrer jusqu'à 5* : **Colorie** le nombre d'objets dessinés.

3. *Constituer une collection* : **Dessine** le nombre de ronds demandés.

3 | 2 | 5 | 4

4. *Associer une écriture chiffrée à différentes représentations des nombres.*

Colorie de la même couleur ce qui indique le même nombre.

5. **Ecris** le nombre **1**

1. *Calcul mental* : **colorie** le nombre dicté.

1 2 3 4 5 | 1 2 3 4 5 | 1 2 3 4 5

2. *Dénombrer jusqu'à 5* : **Colorie** le nombre d'objets dessinés.

1 2 3
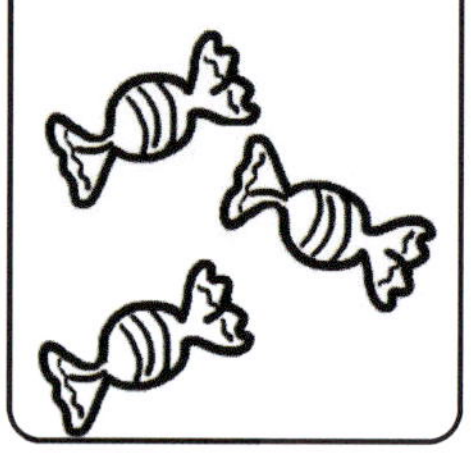

2 4 1

2 5 3
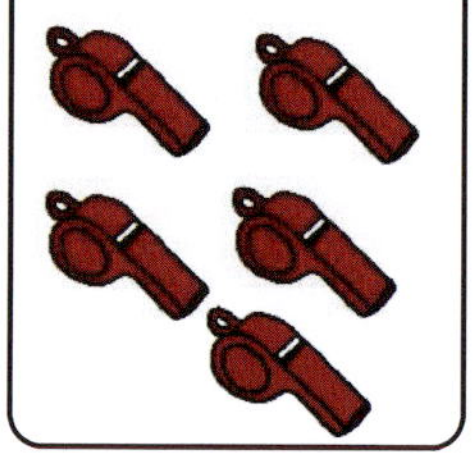

5 4 3

3. *Constituer une collection* : **Colorie** le nombre d'objets demandés.

3

2
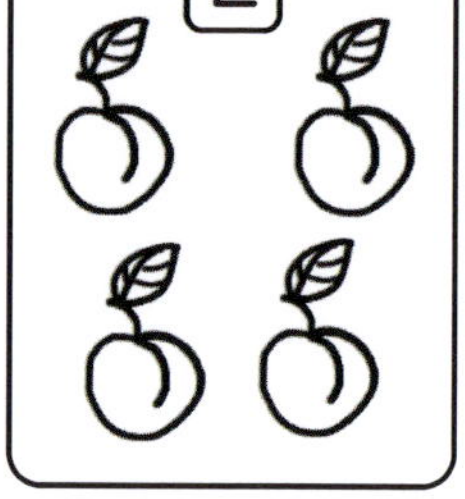

5

4

4. *Associer une écriture chiffrée à différentes représentations des nombres.*

Relie chaque étiquette au bon nombre.

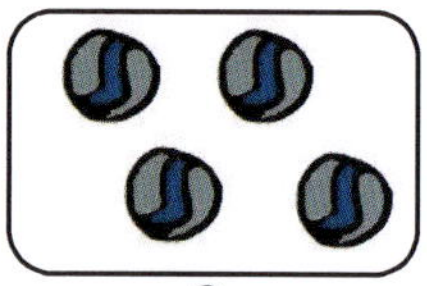

 1
 2
 3
 4
 5

5. **Ecris** le nombre **2.**

1. *Calcul mental* : Colorie le nombre dicté.

1	2	3	4	5

1	2	3	4	5

1	2	3	4	5

2. *Comparer des collections* :

Entoure le vase où il y a le **plus** de fleurs.

Entoure le sac où il y a le **moins** de billes.

Entoure le nombre le plus **petit**.

5	3

3. *Compléter une collection* : **Complète** la collection.

4. *Construire une collection* : **Compte** ces billes et **dessine** :

Plus de billes

Autant de billes

Moins de billes

5. **Ecris** le nombre **3**.

4 les nombres de 0 à 5 *date* : | lundi | mardi | jeudi | vendredi |

1. *Calcul mental* : **Colorie** le nombre obtenu (+1 ou -1).

1 2 3 4 5 | 1 2 3 4 5 | 1 2 3 4 5

2. *Réunir des collections* : 2 **Ecris** les nombres comme dans l'exemple.

2 et 1

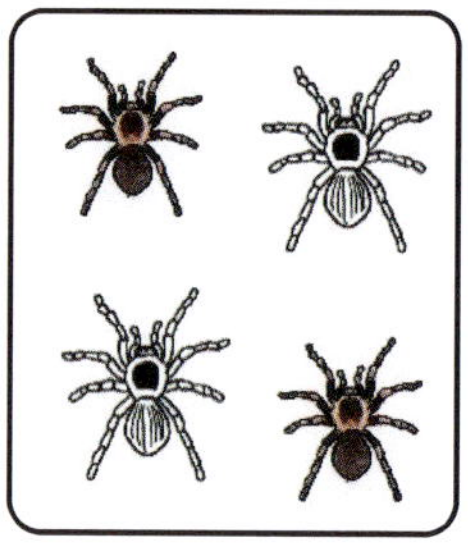
__ et __

__ et __

__ et __

3. *Comprendre une situation où on ajoute des objets* : 2 **Complète**

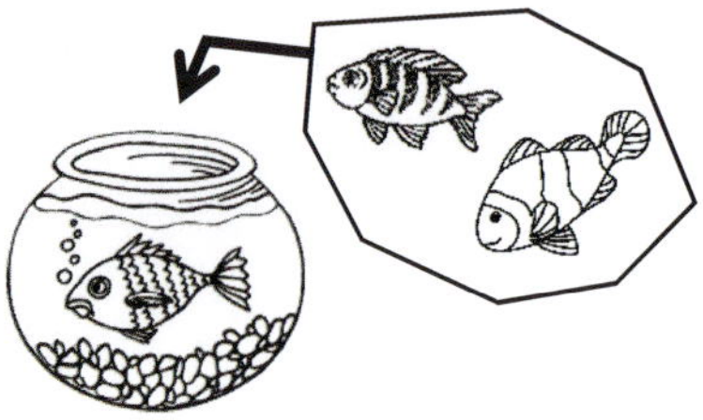
__ et __

Il y a __ poissons.

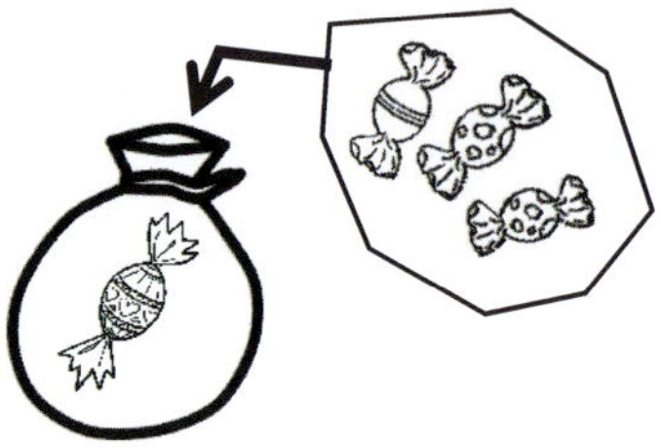
__ et __

Il y a __ bonbons.

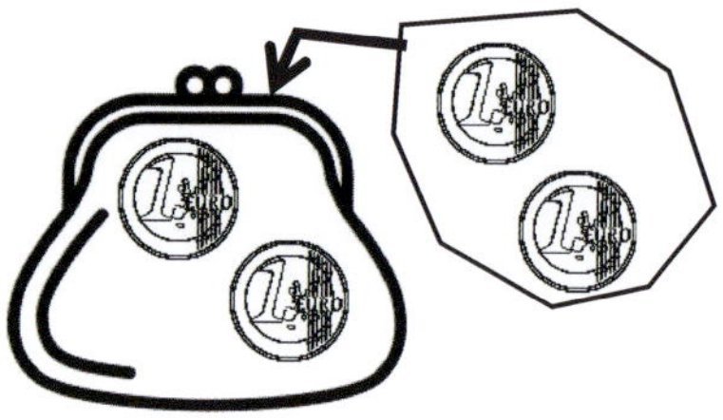
__ et __

Il y a __ pièces.

4. *Coder des situations d'ajout en utilisant le symbole +* : 2 **Complète**

__ + __

__ + __

__ + __

5. a **Ecris** le nombre **4**

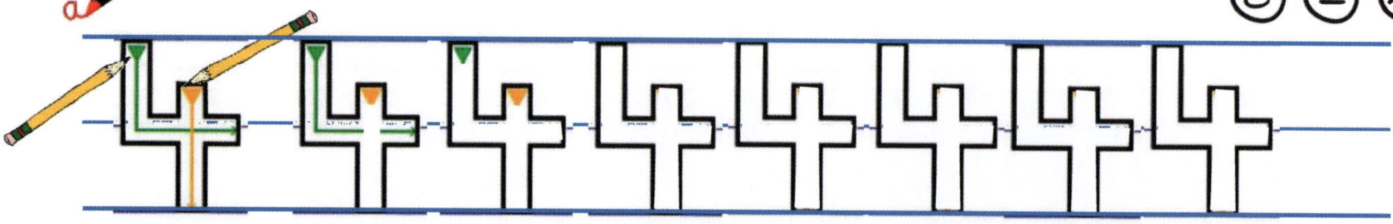

1. *Calcul mental* : **Colorie** le nombre obtenu (+1 ou -1).

1 2 3 4 5 6 — 1 2 3 4 5 6 — 1 2 3 4 5 6

2. *Dénombrer jusqu'à 5* : **Colorie** les étiquettes du nombre **5**.

4 et 2
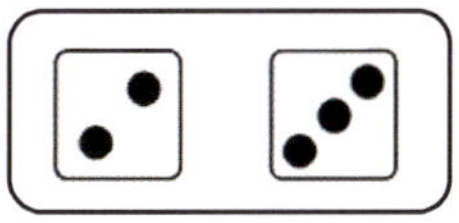
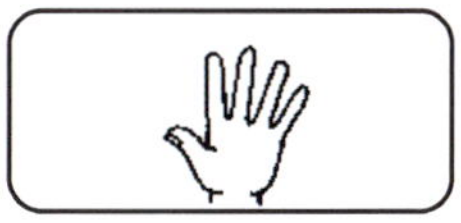

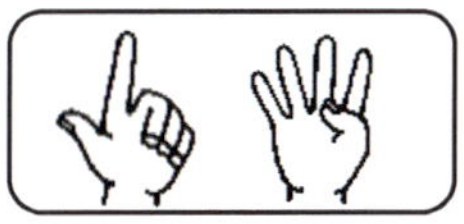
2 et 3
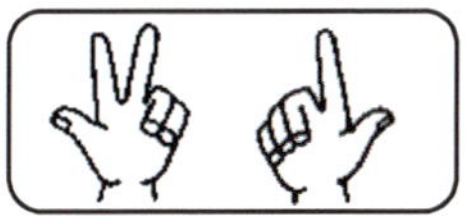
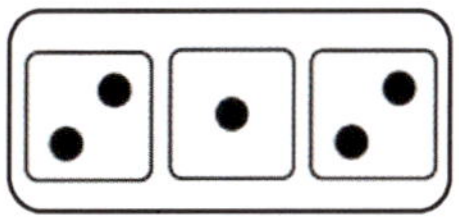
1 et 4

3. *Construire des décompositions additives* :

Dessine ce qui manque et **complète** le calcul.

il faut 4 ballons	il faut 5 billes	il faut 3 fleurs	il faut 5 bonbons
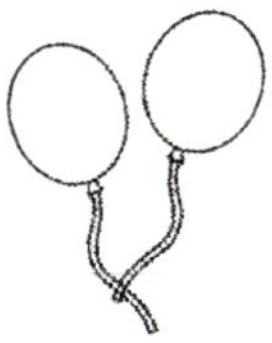	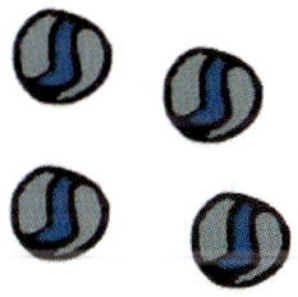		
2 + __	4 + __	1 + __	2 + __

4. *Mémoriser des décompositions* : **Complète**.

3 : 1 + _

5 : _ + 3

4 : 2 + _

5 : 4 + _

2 : 0 + _

5 : _ + 2

5. **Ecris** le nombre **5**.

1. *Calcul mental* : **Ecris** les nombres dictés.

__ __ __ __ __

2. *Dénombrer jusqu'à 6* : **Colorie** le nombre d'objets dessinés.

4 2 3

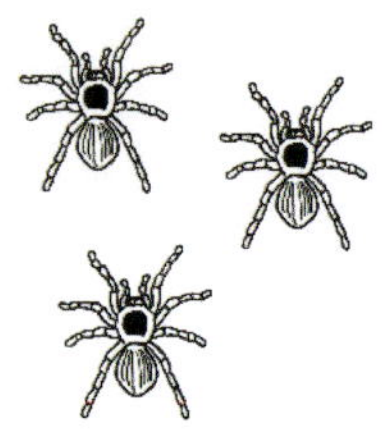

6 5 4

3 5 4

6 4 5

3. *Constituer une collection* : **Dessine** le nombre de ronds demandés.

3 6 5 4

4. *Associer une représentation à une écriture chiffrée* :

Compte et **écris** le nombre d'objets dessinés.

 __

 __

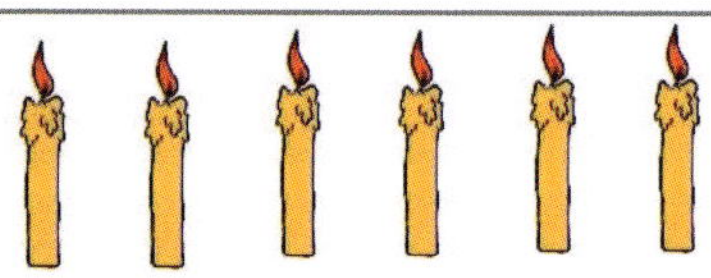 __

 __

5. **Ecris** le nombre **6**

1. *Calcul mental* : 2 **Ecris** les calculs montrés.

__ __ __ __ __

2. *Comparer deux nombres* : **Colorie** le **plus grand** nombre.

6 5 — 3 6 — 5 2 — 1 4 — 6 4

3. *Comparer deux nombres* : **Colorie** le **plus petit** nombre.

3 5 — 6 4 — 0 1 — 2 3 — 6 5

4. *Décomposer le nombre 6* :

2 **Complète** la maison du 6.

6	
0+6	6+....
1+5	5+....
2+4	4+_
3+_	

et

5. Dessine et complète les calculs pour faire 6

2

3+_=6

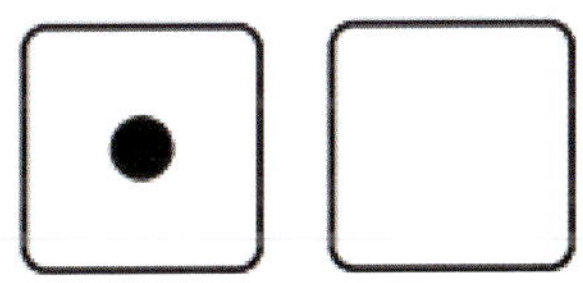

1+_=6

4+_=6

5+_=6

6. a **Ecris** le nombre **7**

1. *Calcul mental* : **Dictée** de nombres.

2. *Connaître différentes représentations d'un même nombre* :

Ecris sur chaque étiquette en chiffre le nombre de poissons présents dans le sachet

Relie le sachet à son bocal.

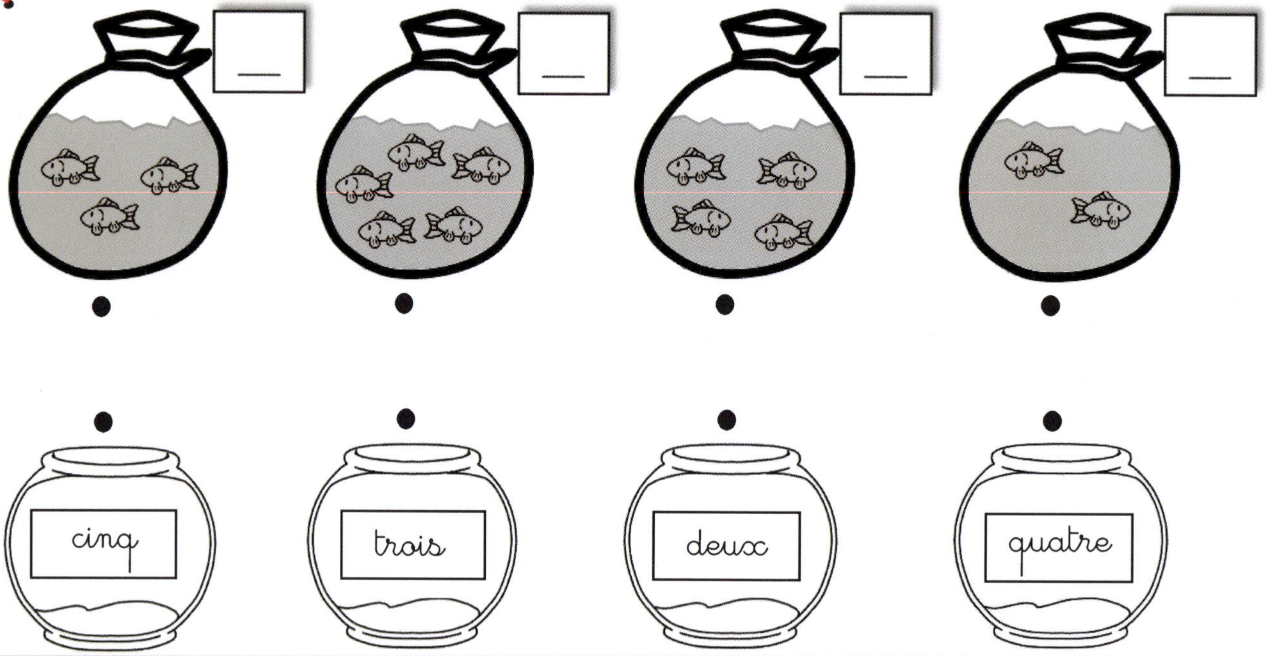

3. *Ordonner les nombres* : **écris** les nombres manquants

4. **Ecris** le nombre **8**

9 Les nombres de 0 à 7.

date : | lundi | mardi | jeudi | vendredi |

1. Calcul mental : 2 **Connaître le répertoire additif jusqu'à 6.**

__   __   __   __   __

2. Connaître le nombre 7 :

Compte et entoure tous les ensembles qui font 7.

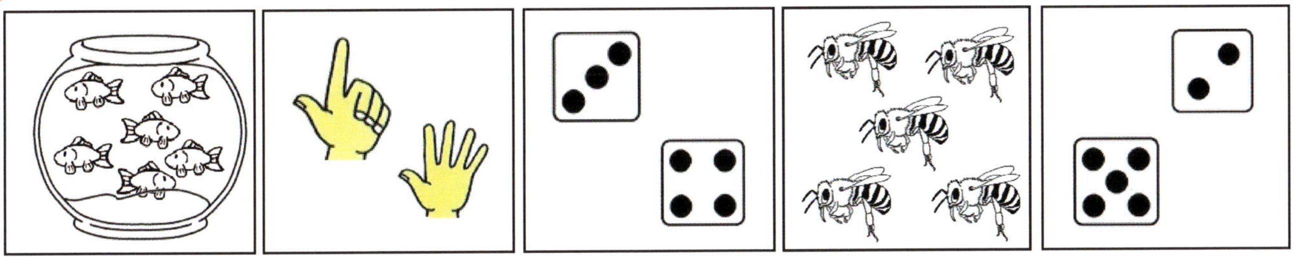

3. Addition : **Raconte** une histoire pour chaque image et 2 **complète** l'addition

☐ + ☐ = 7

☐ + 1 = ☐

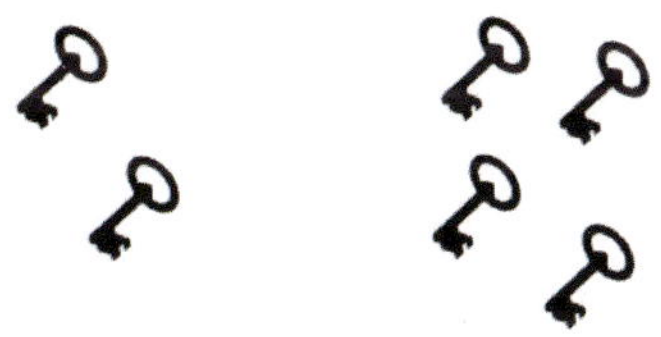

2 + ☐ = ☐

☐ + ☐ = ☐

4. Comparer deux nombres : **Colorie** le plus petit nombre.

4 5	7 6	3 7	6 2	7 5

5. **Ecris** le nombre **9**

10 Les nombres de 0 à 7.

date : | lundi | mardi | jeudi | vendredi |

1. *Calcul mental* : **Se déplacer sur la file numérique.**

__ __ __ __ __

2. *Comparer des nombres « plus que », « moins que »* :

Ecris le nombre de lapins et de salades. **Colorie** PLUS ou MOINS.

Il y a __ salades.

Il y a __ lapins.

→ Il y a **PLUS** | **MOINS** de **lapins que** de **salades.**

3. *Décomposer le nombre 7* :

Complète la maison du 7.

7	
0+7	7+_
1+6	6+_
2+5	5+_
3+4	4+_

4. Dessine et complète les calculs pour faire 7

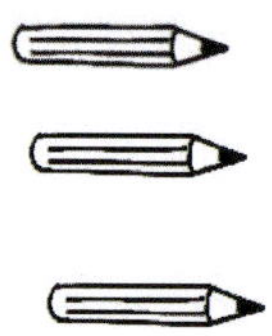

3+_=7

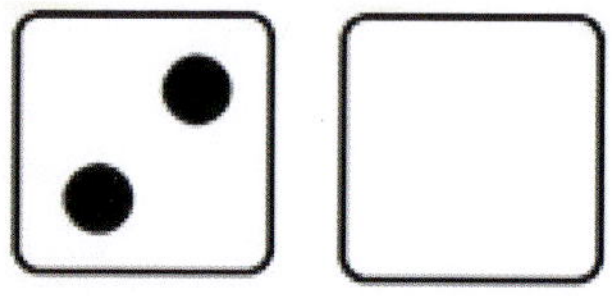

2+_=7

5+_=7

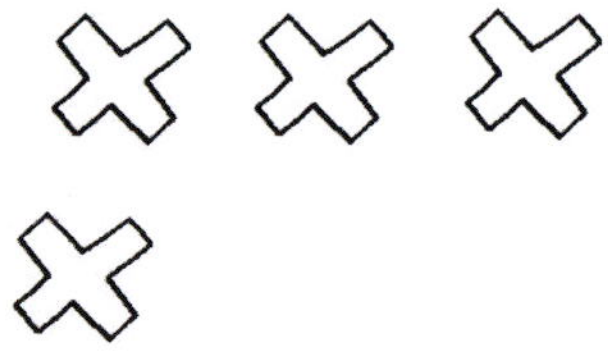

4+_=7

5. **Ecris** le nombre **0**

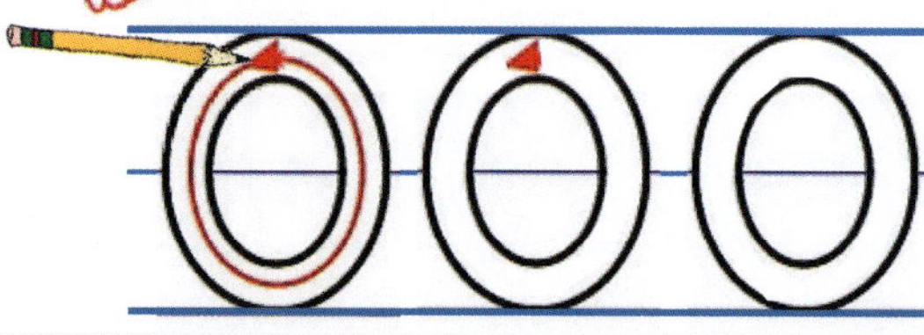

1. *Calcul mental* : Calculs dictés.

__ __ __ __ __

2. *Comparer des quantités*

Ecris le nombre de couteaux.

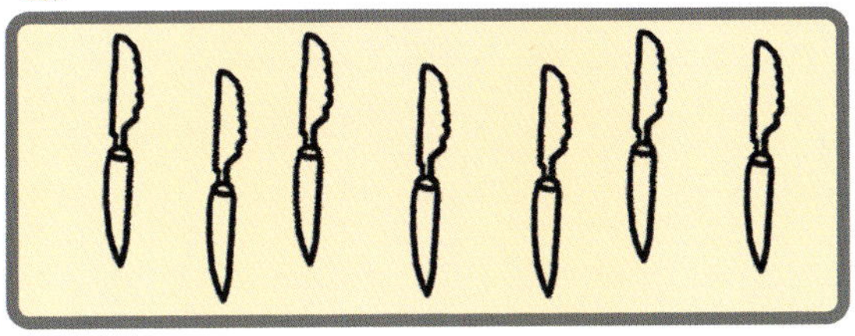

Il y a __ couteaux.

Dessine plus de cuillères que de couteaux.

Il y a __ cuillères.

3. *Décomposer le nombre 8* :

Complète la maison du 8.

8	
0+8	8+_
1+7	7+_
2+6	6+_
3+5	5+_

4+_

et

4. Dessine, complète, colorie pour faire 8

3+_=8

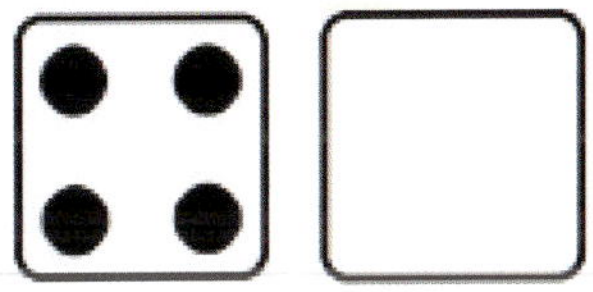

4+_=8

5+_=8

2+_=8

5. Devinette

Sur le parking, il a 3 voitures garées.
5 autres voitures viennent se garer.
Combien y a-t-il de voitures sur le parking ?

→ Il y a __ voitures sur le parking.

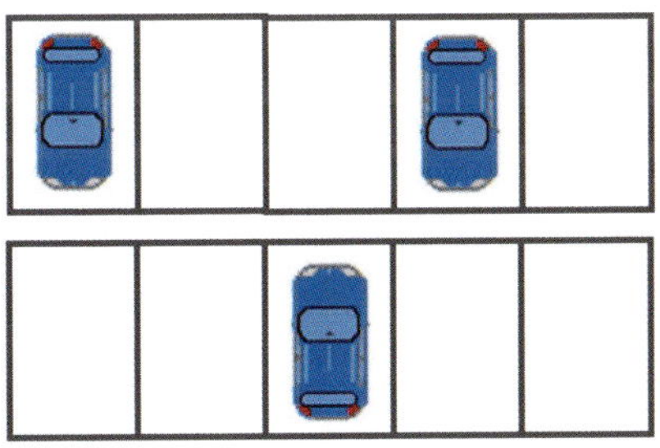

1. *Calcul mental* : Calculs dictés.

__ __ __ __ __

2. *Comparer des quantités*

Ecris le nombre de crayons.

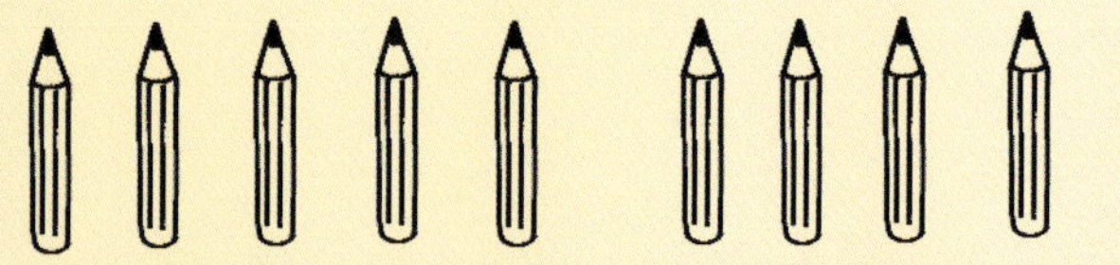

Il y a __ crayons.

Dessine moins de billes que de crayons.

Il y a __ billes.

3. *Trouver les paires qui font 8* :

Colorie de la même couleur les paires qui font 8.

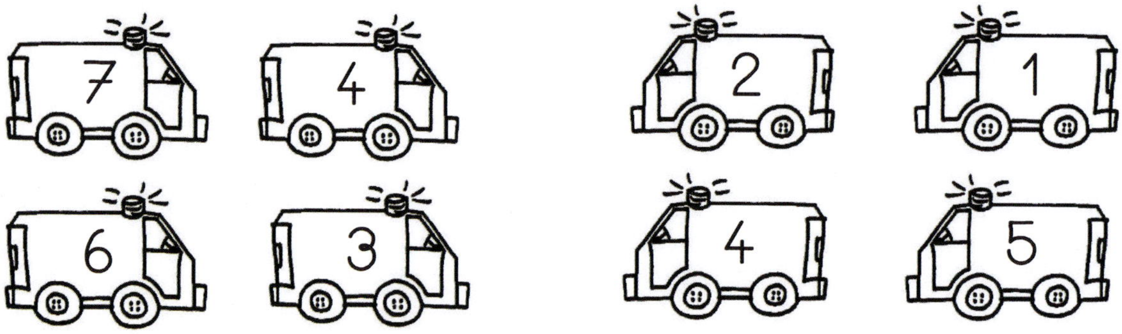

4. *Comparer trois nombres* : Colorie le plus grand des 3 nombres.

5	3	8

1	7	4

6	5	2

3	8	7

5. Devinette

J'avais une boite avec 8 feutres.
2 feutres ne marchent plus, ils sont à la poubelle.

Combien de feutres me reste-t-il ?

→ Il me reste __ feutres.

1. Calcul mental : Se déplacer sur la file numérique.

__ __ __ __ __

2. Comparer des quantités

Ecris le nombre de bonnets.

Il y a __ bonnets. 

Dessine autant de bonbons que de bonnets.

Il y a __ bonbons. 

3. Décomposer le nombre 9 :

Complète la maison du 9.

9	
0+9	9+_
1+8	8+_
2+7	7+_
3+6	6+_
4+5	5+_

4. Complète avec les nombres manquants.

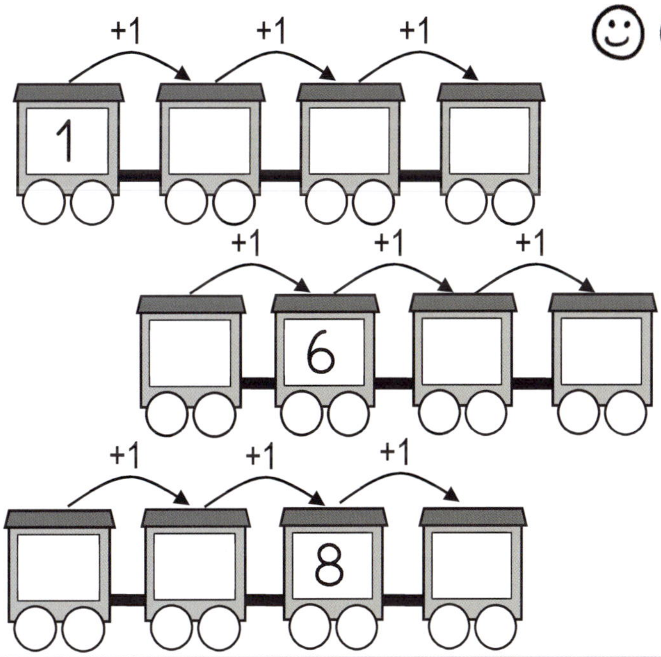

5. Devinette

Pour son goûter d'anniversaire, Pipo achète 2 babas, 3 éclairs et 4 tartes.

Combien de gâteaux Pipo a-t-il acheté ?

→ Il a acheté __ gâteaux.

1. *Calcul mental* : Se déplacer sur la file numérique.

__ __ __ __ __

2. *Connaître des répertoires additifs*

Relie chaque étiquette au calcul qui lui correspond.

6 7 8

3+3 2+5 4+2 7+1 4+3 3+5 6+2

3. *Trouver les paires qui font 9* :

Colorie de la même couleur les paires qui font 9.

2 8 9 4 6

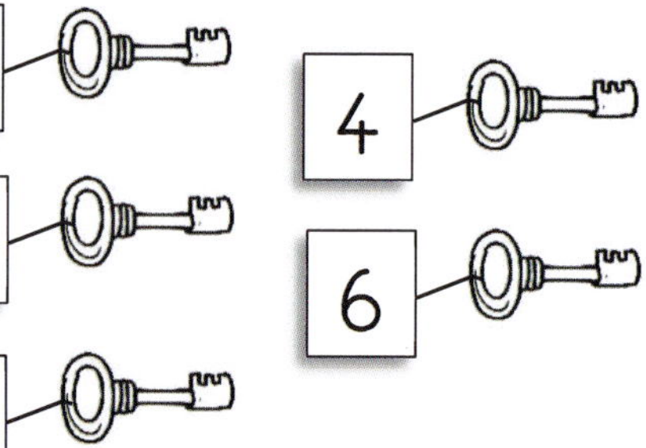

4. *Comparer trois nombres* : **Colorie** le plus grand des 3 nombres.

8 9 7 | 4 3 8 | 7 5 6 | 3 8 9

5. Devinette

Pipo et Lila se partagent 8 images.
Ils en veulent autant chacun.

Combien d'images pour Pipo ? Combien d'images pour Lila ?

→ Pipo a __ images. Lila a __ images.

Le nombre 10.

date : | lundi | mardi | jeudi | vendredi |

1. *Calcul mental* : 2 **calcul mental.**

__ __ __ __ __

2. *Différentes représentations du 10.*

Bob, le crayon veut écrire. **Colorie** les cases qui font 10 pour tracer son chemin.

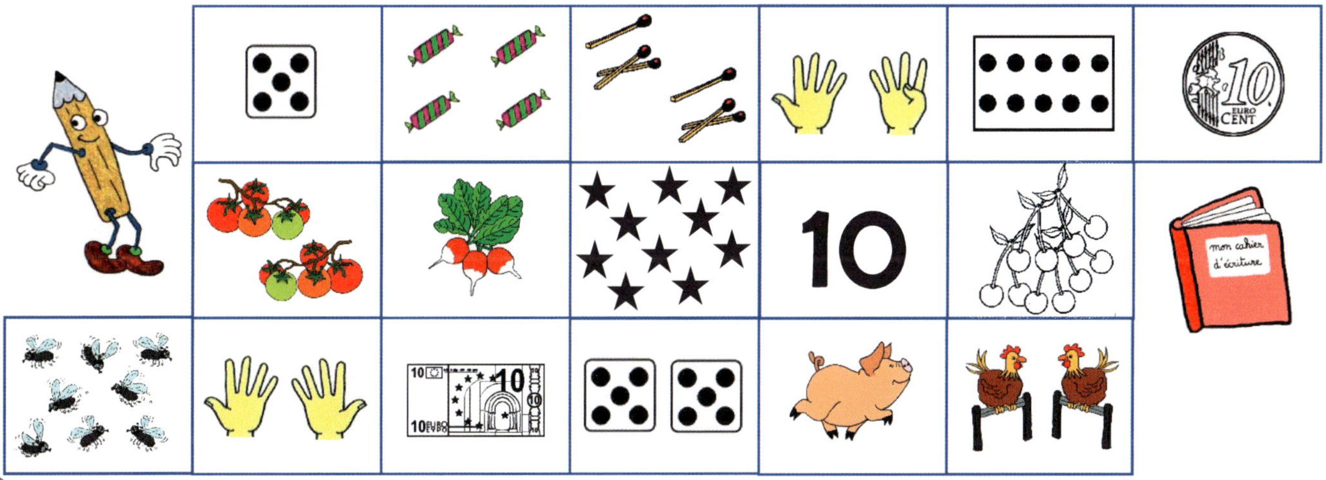

3. *Trouver les paires qui font 10* :

Colorie deux balles par ligne pour faire 10.

5 2 5 4 | 3 6 4 5

3 1 4 7 | 8 2 3 9

4. Devinette 2

Dans la ferme, il y a 3 cochons et 7 poules.

Combien y a-t-il d'animaux en tout ?

→ _____ + _____ = ______

→ Il y a _____ animaux en tout.

16 Les nombres de 0 à 10.

date : | lundi | mardi | jeudi | vendredi |

1. *Calcul mental* : **Trouver le complément à 10.**

__ __ __ __ __

2. *Complément à 10.*

Dessine ce qui manque pour faire 10 et **complète** le calcul.

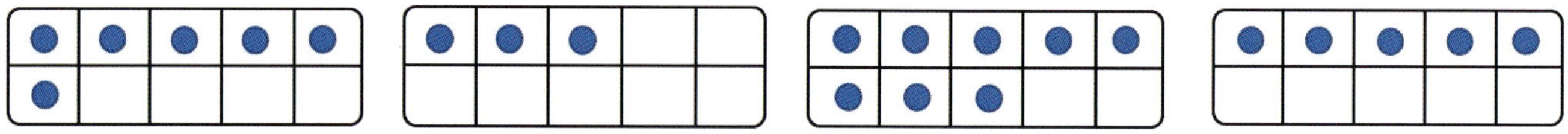

6 + __ = 10 3 + __ = 10 8 + __ = 10 5 + __ = 10

3. *Décomposer le nombre 10* :

Complète la maison du 10.

10	
0 + 10	10 + _
1 + 9	9 + _
2 + 8	8 + _
3 + 7	7 + _
4 + 6	6 + _
5 + __	

4. ***écris*** *les nombres manquants.*

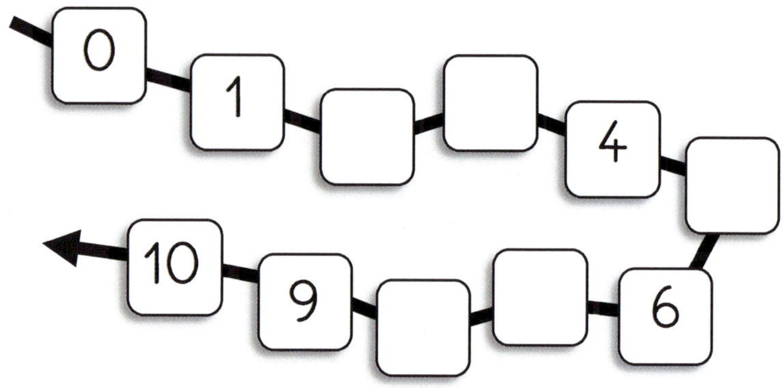

5. ***écris*** *le nombre qui vient avant et après.*

[ ] 3 [ ] [ ] 7 [ ]

[ ] 2 [ ] [ ] 9 [ ]

5. Devinette

Il y a 9 mouches dans mon salon.
3 mouches sont sorties par la fenêtre.

Combien reste-t-il de mouches ?

→ Il reste __ mouches.

17 Les additions. date : lundi | mardi | jeudi | vendredi

1. *Calcul mental* : 2 **Trouver le complément à 10.**

__ __ __ __ __

2. *Connaître des répertoires additifs*

Relie chaque étiquette au calcul qui lui correspond.

5 9 10

3+2 4+5 4+1 5+5 4+6 4+5 3+7

3. *Compléter des histoires d'additions* :

2 **Complète** les histoires et les calculs.

Maman achète 2 pommes et 6 bananes.

2 + 6 = 8 ou 6 + 2 = __

→ Maman achète ___ fruits en tout.

Papa achète ___ poires et ___ tomates.

3 + 5 = __ ou ____ + ____ = ____

→ Papa achète ___ fruits en tout.

Nino a ___ cubes rouges et ___ cubes bleus

____ + ____ = ____ ou ____ + ____ = ____

→ Nino a ___ cubes en tout.

Dans la cour, il y a ___ pigeons et ___ pies

____ + ____ = ____ ou ____ + ____ = ____

→ Dans la cour, il y a ___ oiseaux en tout.

18 Les doubles.

date : | lundi | mardi | jeudi | vendredi |

1. *Calcul mental* : Enlever 1 (-1)

__ __ __ __ __

2. *S'approprier la notion de double*

Dessine autant de bille dans chaque boîte pour en avoir le **double**.

Complète le calcul.

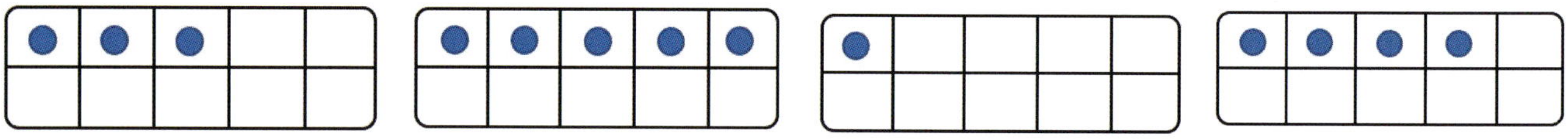

3 + __ = __   5 + __ = __   1 + __ = __   4 + __ = __

3. **Colorie** de la couleur indiquée en fonction du résultat des calculs.

2	4	6	8	10
jaune	rouge	orange	vert	bleu

4 + 4	3 + 1	3 + 3	2 + 2	3 + 5
5 + 5	1 + 5	1 + 1	4 + 2	5 + 5
6 + 2	2 + 2	3 + 3	1 + 3	4 + 4

4. **Devinettes :** calculs sur les doubles

2+1=3

Léa a 2 paquets de 5 bonbons.

Combien a-t-elle de bonbons en tout ?

__ + __ = __

→ Léa a __ bonbons en tout.

J'ai 3 images. Nino en a le double.

Combien Nino a-t-il d'images en tout ?

__ + __ = __

→ Nino a __ images en tout.

1. Calcul mental : Ajouter (+1) ou enlever (-1)

___ ___ ___ ___ ___

2. Connaître des répertoires additifs

Compte puis **colorie** de la même couleur les sachets qui, mis ensemble, ont **10 billes**

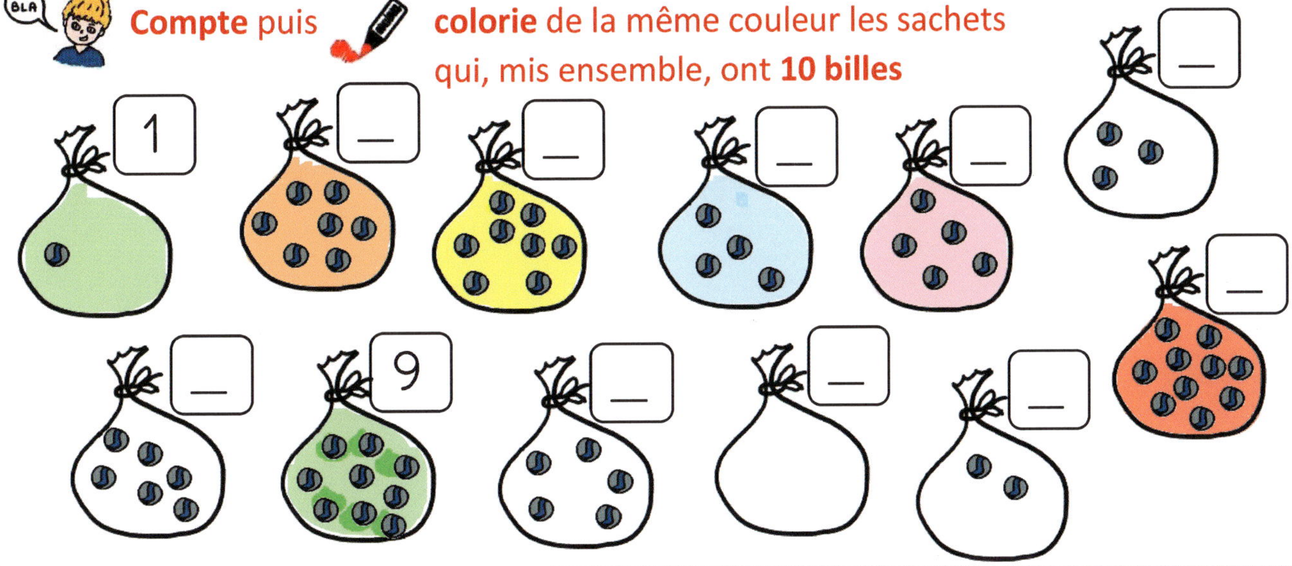

3. S'approprier les décompositions additives du nombre 10.

Trouve 2 familles du nombre 10. **Trace** une ligne pour séparer les deux parties dans chaque dessin puis **complète** l'addition.

__ et __ font 10

__ + __ = 10

__ et __ font 10

__ + __ =

4. Devinette

Moustache a trouvé 3 os

Combien doit-il encore en trouver pour en avoir 10 ?

→ Moustache doit trouver ____ os.

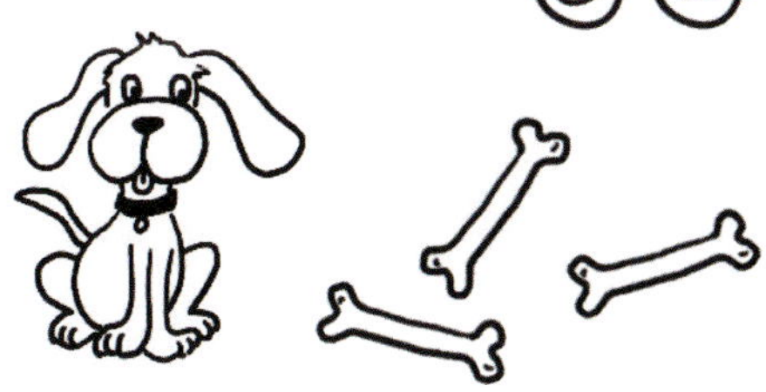

20 Les euros

1. Calcul mental : 2 **Calcul mental**

__ __ __ __ __

2. Se déplacer sur la file numérique

Les animaux font des sauts sur la file numérique.
Colorie les cases sur lesquelles ils arrivent.

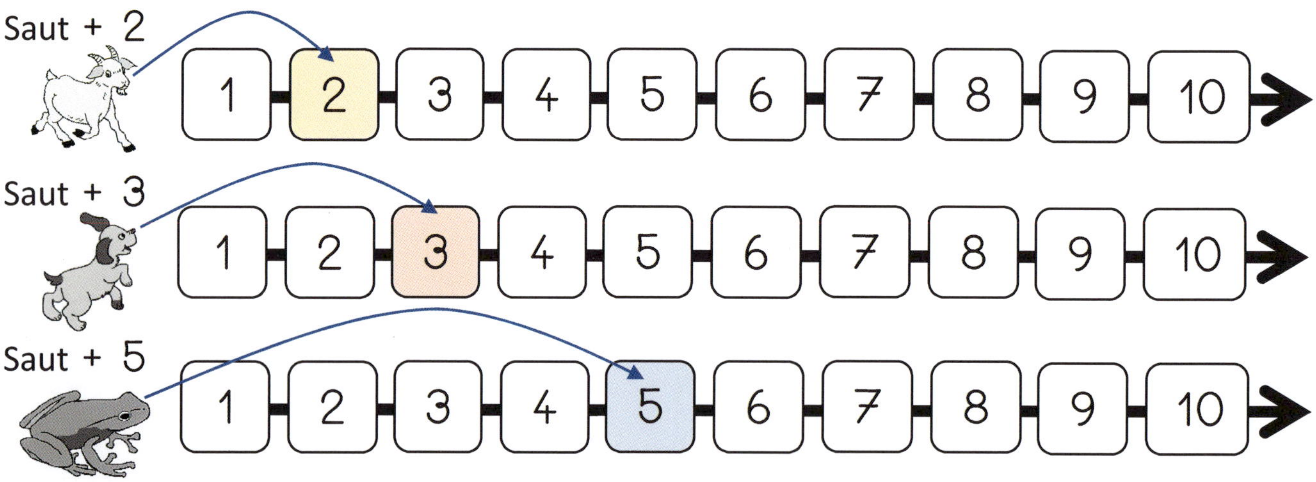

3. Découvrir la monnaie.

2 **Ecris** la somme contenue dans chaque paquet.

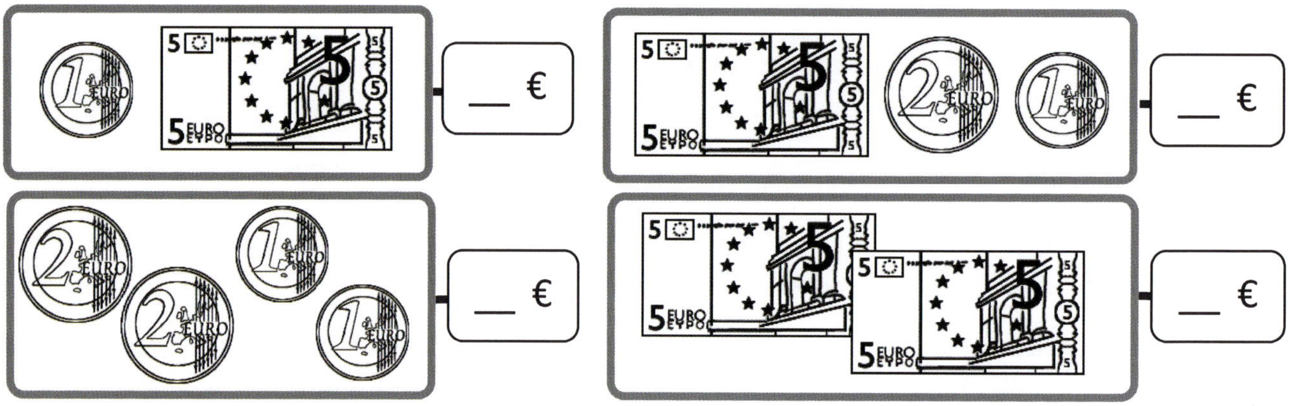

4. Devinette

Nino veut acheter un livre qui coûte 9 €

Entoure ce qu'il doit donner pour payer le livre.

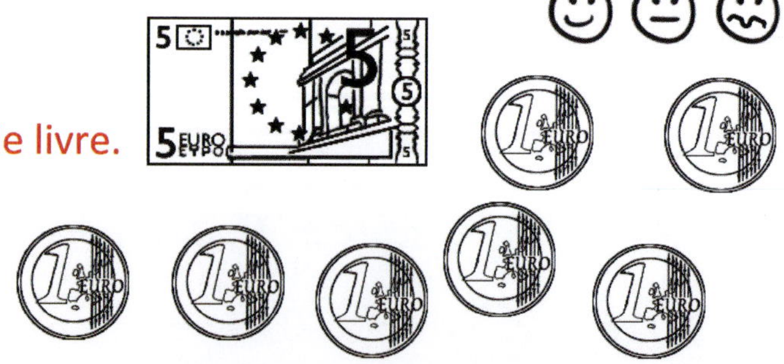

1. *Calcul mental* : 2 **Calcul mental**

☺ 😐 ☹

__ __ __ __ __

2. *Compléter des histoires de soustraction* 2

☺ 😐 ☹

Il y a 10 ballons, 2 ballons s'envolent.

Combien reste-t-il de ballons ?

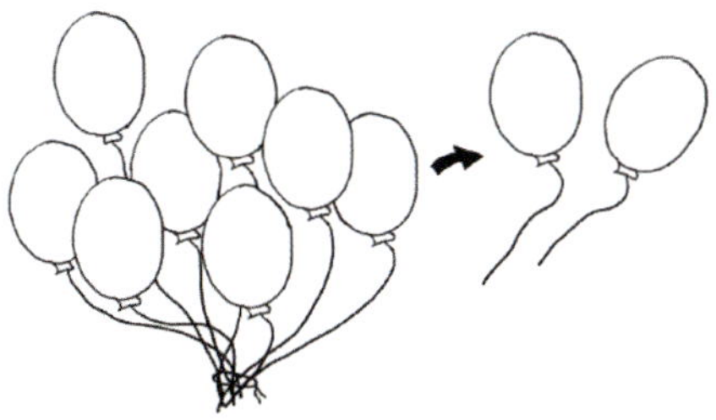

→ Il reste __ ballons

Il y a 8 poissons, j'en ai attrapé 2.

Combien reste -t-il de poissons dans la mare ?

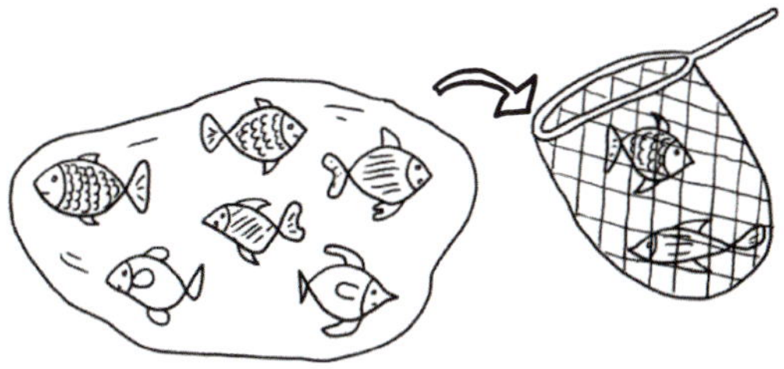

→ Il reste __ poissons

Il y avait 7 fleurs, 3 ont été coupées.

Combien reste-t-il de fleurs ?

7 - __ = __

→ Il reste __ fleurs

J'ai acheté 8 pommes, j'en ai mangé 4.

Combien reste -t-il de pommes ?

8 - __ = __

→ Il reste __ pommes

Il y a 5 pigeons, __ s'envolent.

Combien reste-t-il de pigeons ?

__ - __ = __

→ Il reste __ pigeons

J'ai acheté 6 poires, j'en ai mangé __.

Combien reste -t-il de poires ?

__ - __ = __

→ Il reste __ poires

1. *Calcul mental* : **Calculer avec des euros**

__ __ __ __ __

2. *Nommer les nombres de 11 à 19*

Repère les nombres dictés sur la file numérique.

9 – 10 – 11 – 12 – 13 – 14 – 15 – 16 – 17 – 18 – 19 →

3. *Ecrire les nombres de 11 à 19*

Complète la file numérique avec les nombres qui manquent.

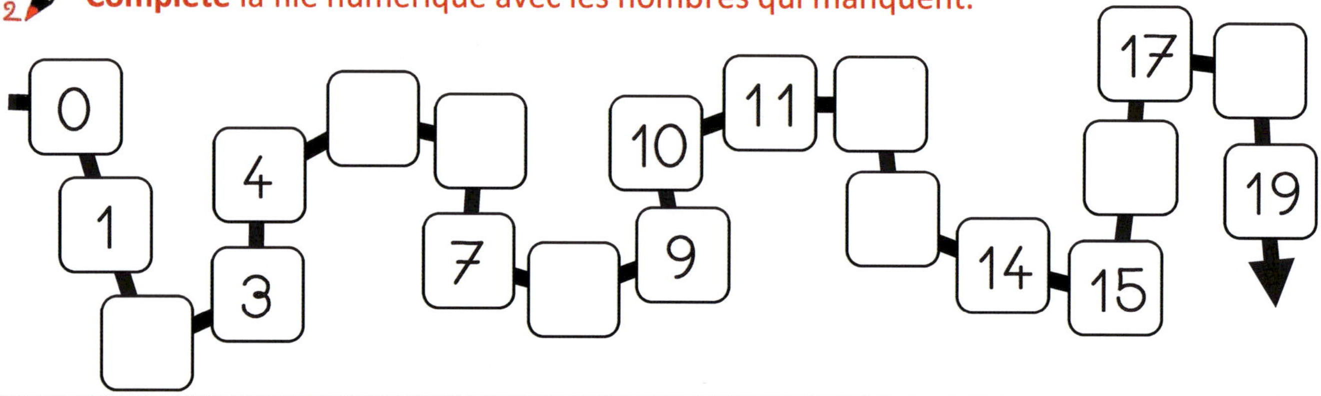

4. *Dénombrer jusqu'à 19*

Compte et **écris** et le nombre d'animaux présents dans chaque enclos.

5. Devinette

Ce matin, j'ai acheté 10 gâteaux. __ - __ = __

A midi, nous en avons mangé 4.

Combien reste-t-il de gâteaux ?

1. *Calcul mental* : **Avancer sur la file numérique**

__ __ __ __ __

2. *Dénombrer et construire des collections*

Colorie le bon nombre d'objets.

14

19

3. *Ordonner les nombres*

Range les nombres du plus petit au plus grand.

18 11 5 12 9

4. **Ecris** en chiffres

trois : __ treize : __ cinq : __ quinze : __

deux : __ douze : __ six : __ seize : __

5. Devinettes

J'ai 13 billes. A la récréation, je perds 3 billes.

Combien me reste-t-il de billes ?

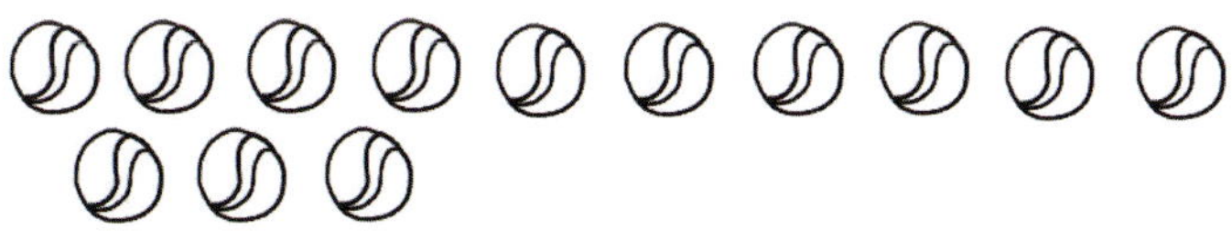

→ Il me reste __ billes

J'ai 7 ballons. 4 ballons s'envolent.

Combien me reste-t-il de ballons ?

7 - __ = __

→ Il me reste __ ballons

24 Décomposer les nombres

date : | lundi | mardi | jeudi | vendredi |

1. *Calcul mental* : 2 **Calculer avec des euros**

__ __ __ __ __

2. *Dénombrer et construire des collections*

2 **Ecris** le nombre de jetons rangés dans les boîtes.

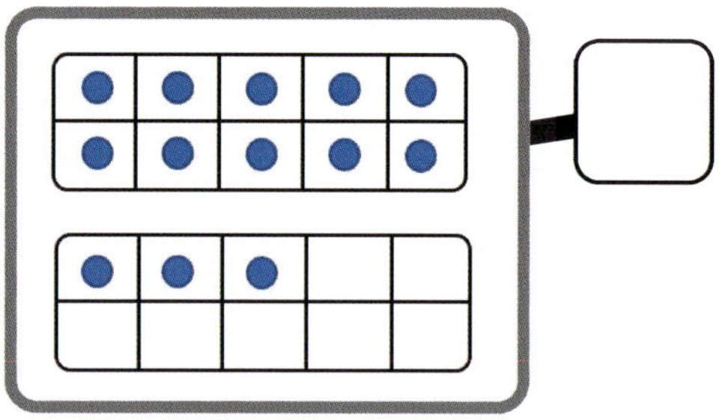

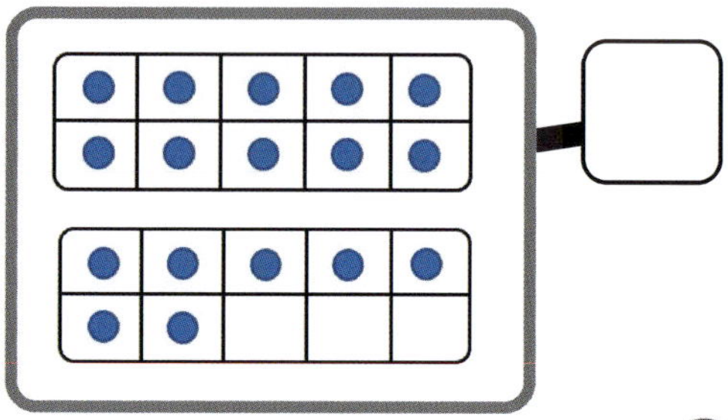

3. **Dessine** le nombre de jeton dans les boîtes.

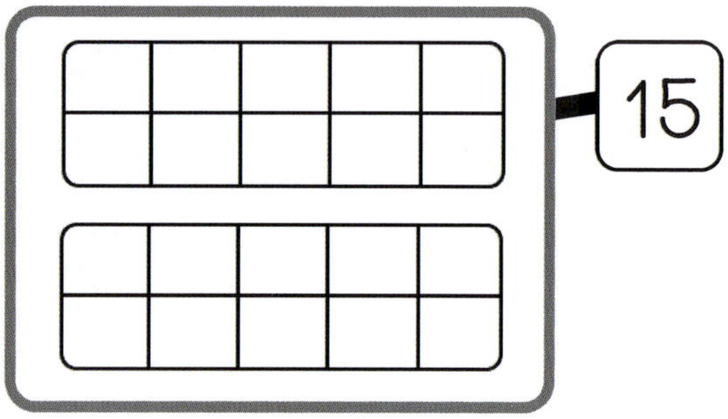

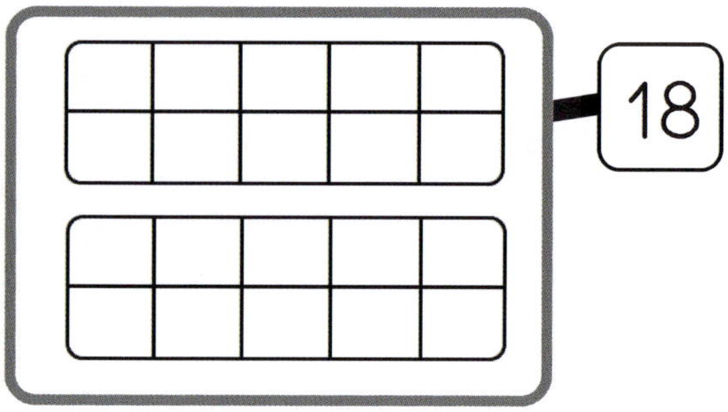

4. 2 **Complète** les additions.

10 + __ = __

10 + __ = __

10 + __ = __

5. **Devinette** avec les euros 2

Je veux acheter des crayons de couleur.
Chaque crayon coûte 1€. J'ai 5 €.

Combien de crayons puis-je acheter ?

→ Je peux acheter __ crayons

25 Les nombres ordinaux

date : | lundi | mardi | jeudi | vendredi |

1. *Calcul mental* : Petits calculs

__ __ __ __ __

2. *Décompositions additives*

Complète ces additions.

10 + 8 = __	10 + 2 = __	10 + __ = 14
10 + 5 = __	10 + 7 = __	10 + __ = 16
10 + 9 = __	10 + 3 = __	10 + __ = 11

3. *Les nombres ordinaux pour désigner un rang.*

Colorie la troisième tasse.

1er

Colorie la cinquième bouteille.

1er

Entoure la deuxième mouche.

1er

Entoure le premier lapin.

1er

Dessine une pomme sur la sixième assiette.

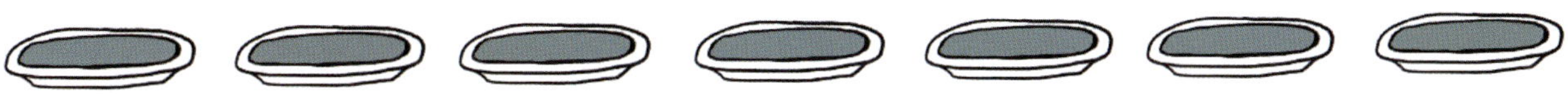

3ème

4. *Problème de déplacement sur la file numérique*

Le pion est sur la case 10. Lili tire le dé et doit avancer de 5. 

Sur quel nombre arrive-t-elle ?

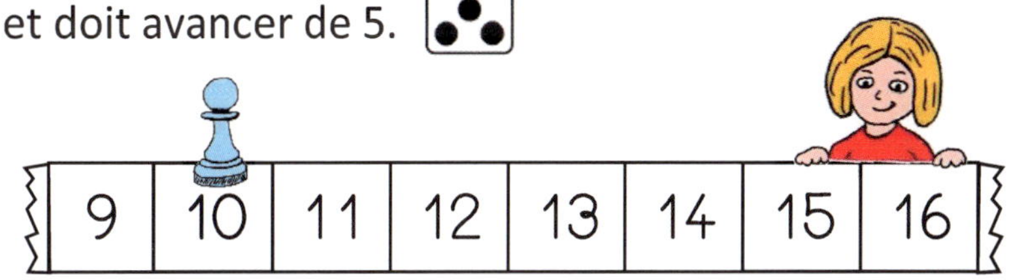

Elle arrive sur le nombre __

26 Les nombres ordinaux

date : | lundi | mardi | jeudi | vendredi |
|---|---|---|---|

1. *Calcul mental* : 2 **Petits calculs**

__   __   __   __   __

2. *Différencier les nombres ordinaux des nombres cardinaux*

Colorie 5 gâteaux.

Colorie le 5ème ballon.

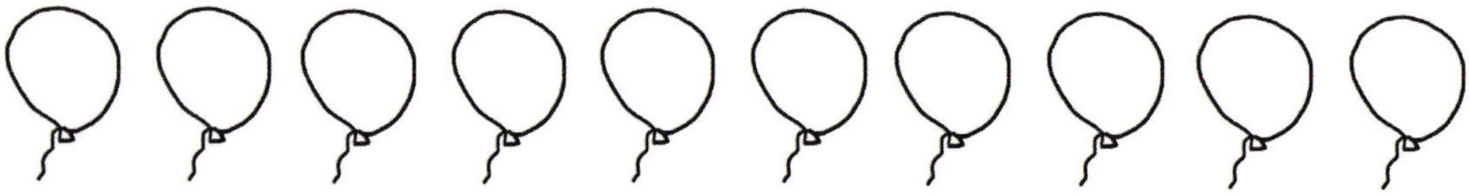

1er

Entoure la septième (7ème) tasse à partir de la gauche.

gauche droite

Entoure la dixième (10ème) bouteille à partir de la droite.

gauche  droite

3. *Connaître la suite des nombres en chiffres et lettres jusqu'à 19.*

Relie
dans l'ordre
les nombres de 1 à 19

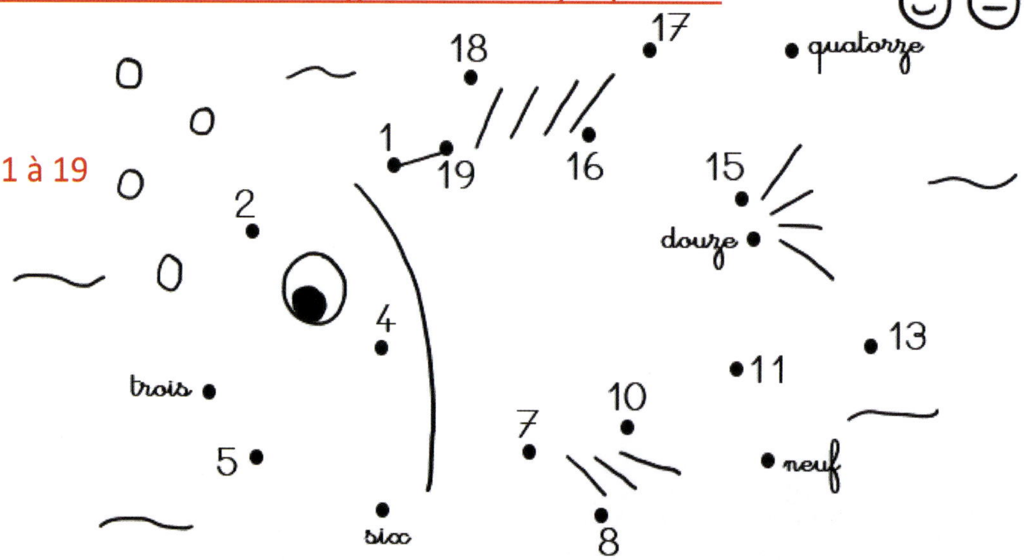

27 Grouper par 10

date : lundi | mardi | jeudi | vendredi

1. Calcul mental :

2 **Petits calculs du type 10 + ...**

__ __ __ __ __

2. Dénombrer une collection

Compte le nombre de gâteaux. **Entoure** par 10 et 2 **complète**.

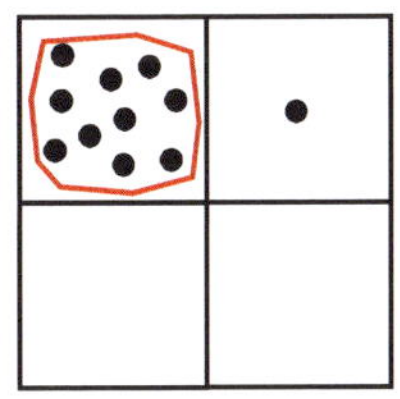

10 + __ = __

→ il y a __ gâteaux.

Entoure par 10 et 2 **complète**.

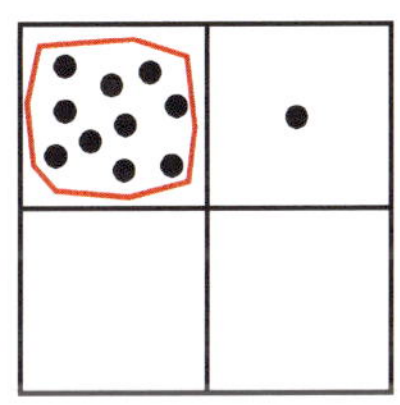

10 + __ = __

→ il y a __ coquillages.

3. Comparer deux ensembles.

2 **Ecris** le nombre d'objets dans chaque ensemble et a **complète** les phrases.

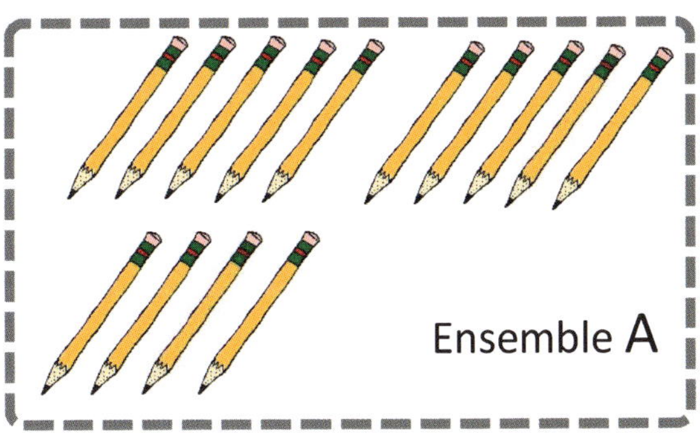

Il y a __ crayons.

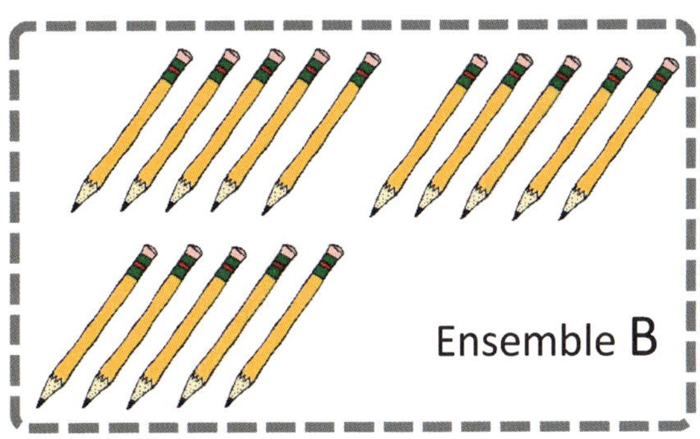

Il y a __ crayons.

→ Il y a **plus** de crayons dans Ensemble __ que dans Ensemble __

→ Dans Ensemble B, il y a __ crayon **de plus**.

1. Calcul mental : Dictée de nombres

2

__ | __ | __ | __ | __ | __

2. Comparer deux nombres

Colorie le plus grand des deux nombres.

7 8 | 5 3 | 16 13 | 17 19 | 14 12

Colorie le plus petit des deux nombres.

8 5 | 3 10 | 18 13 | 11 15 | 12 9

3. Ordonner les nombres.

Recopie les nombres en les rangeant du plus petit au plus grand

2

9 12 5 17 3

8 19 13 6 15

4. Devinettes : Problèmes additifs

2+1=3

J'ai 6 gros poissons et 5 petits poissons

Combien ai-je de poissons en tout ?

__ + __ = ___

→ J'ai __ poissons en tout

J'ai 8 coquillages ronds et 7 longs

Combien ai-je de coquillages en tout ?

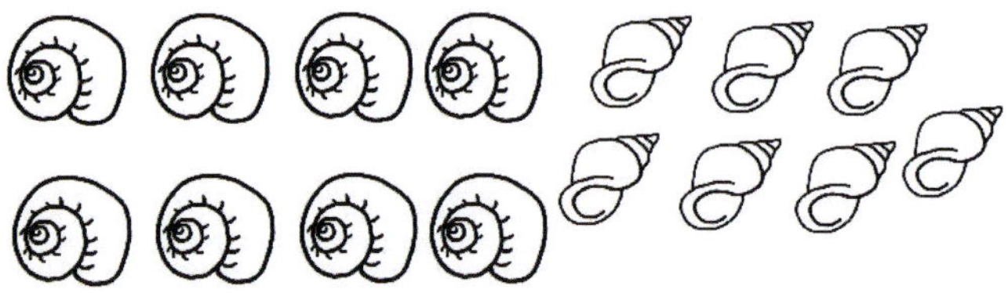

__ + __ = ___

→ J'ai __ coquillages en tout.

29 Addition 2 nombres à 1 chiffre

date :

1. *Calcul mental* : **Nombre avant, après, entre…**

| __ | __ | __ | __ | __ | __ |

2. *Connaître la suite des nombres*

Complète chaque série de nombres.

| 7 | 8 | | | 11 |

| 15 | | 13 | 12 |

| 13 | | 15 |

| | 12 | |

| 19 | | 17 |

3. *Additionner deux nombres à 1 chiffre pour un total supérieur à 10.*

Entoure pour obtenir 10 puis 2+1=3 **additionne.**

7 + 4 = 10 + __ = __

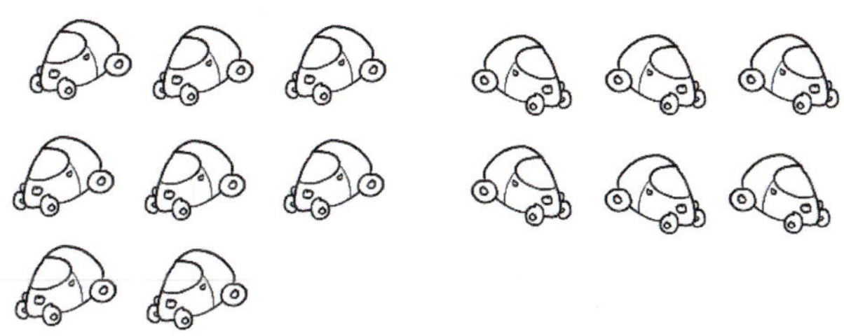

8 + 6 = __ + __ = __

__ + __ = __ + __ = __

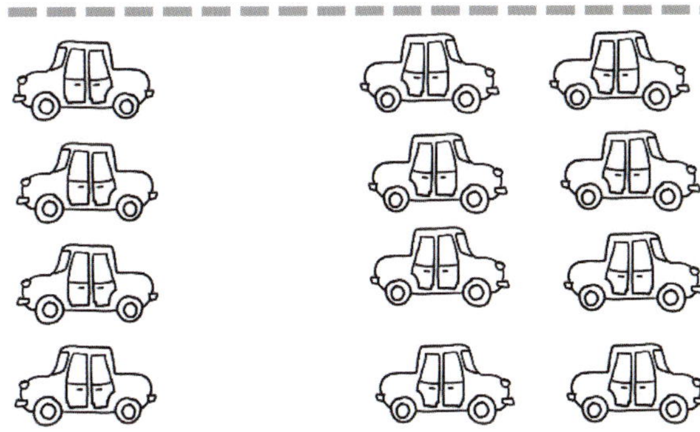

__ + __ = __ + __ = __

4. Calcule

10 + 3 = __

5 + 10 = __

10 + 8 = __

2 + 10 = __

10 + 1 = __

7 + 10 = __

date :

1. Calcul mental : +1, -1

__ __ __ __ __ __

2. Additionner deux nombres à 1 chiffre pour un total supérieur à 10.

Entoure pour obtenir 10 puis **additionne**.

2+1=3

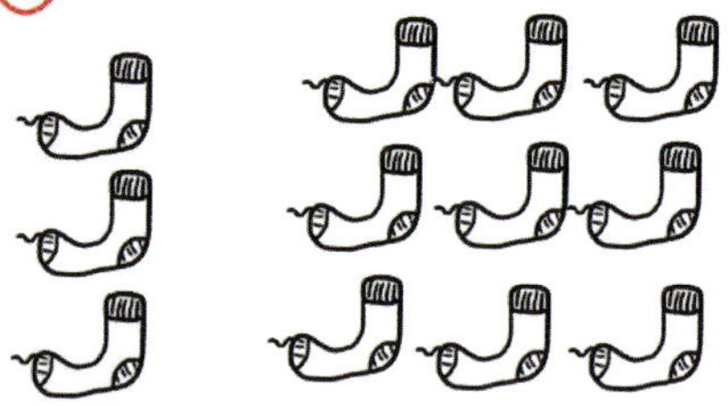

__ + __ = __

__ + __ = __

__ + __ = __

__ + __ = __

__ + __ = __

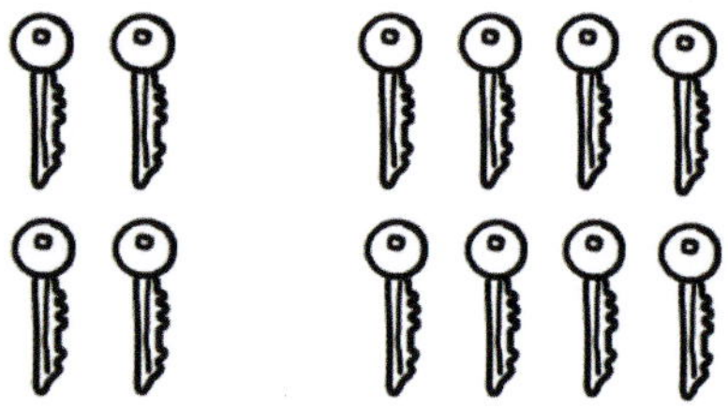

__ + __ = __

3. Additionne

2+1=3

13 + 5 = 10 + 8 = __

12 + 4 = __ + __ = __

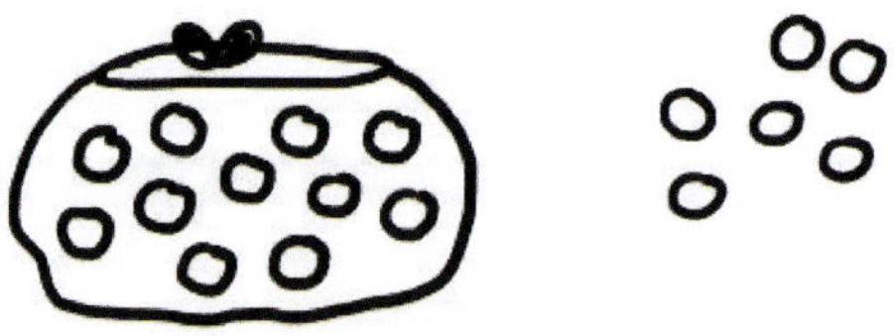

11 + __ = __ + __ = __

14 + __ = __ + __ = __

1. *Calcul mental* : **Résoudre des petits problèmes additifs**

__ __ __ __ __ __

2. *Additionner deux nombres pour un total entre 10 et 20.*

Additionne 2+1=3

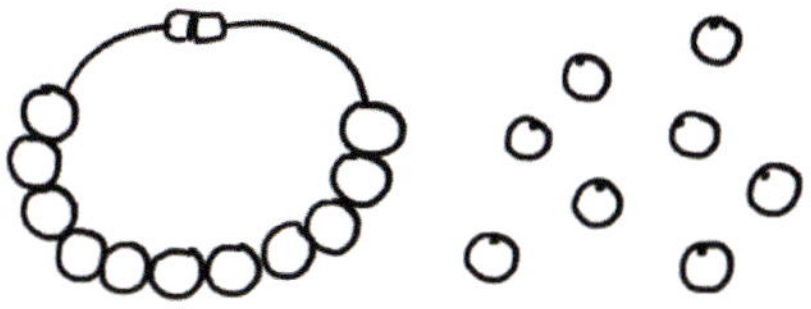

11 + 8 = __

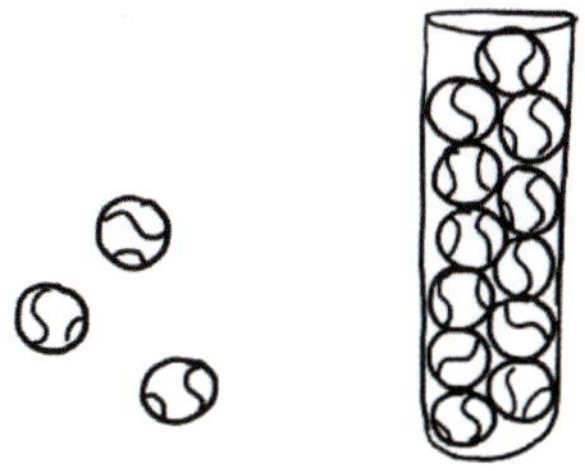

3 + 12 = __

__ + __ = __

8 + 6 = __

4 + 7 = __

__ + __ = __

3. ~~ami~~ **Barre** puis 2 **soustrais**

14 - 3 = __

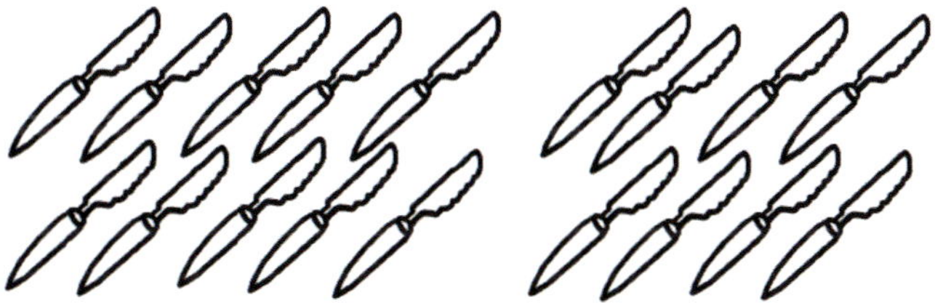

18 - 5 = __

12 - 2 = __

19 - 7 = __

1. Calcul mental : Résoudre des problèmes soustractifs

__ | __ | __ | __ | __ | __

2. Additionner et soustraire

Relie les étiquettes calcul à leur total.

1	2	3	4	5	6	7	8	9	10	11	12	13	14	15	16	17	18	19

8+4 | 10+5 | 10+2 | 18-3 | 16-2 | 19-1

12 | 15 | 14 | 18

14-2 | 9+6 | 6+6 | 7+7 | 10+8 | 10+4 | 9+9

3. Soustraire un grand nombre de la dizaine

Barre puis **soustrais**

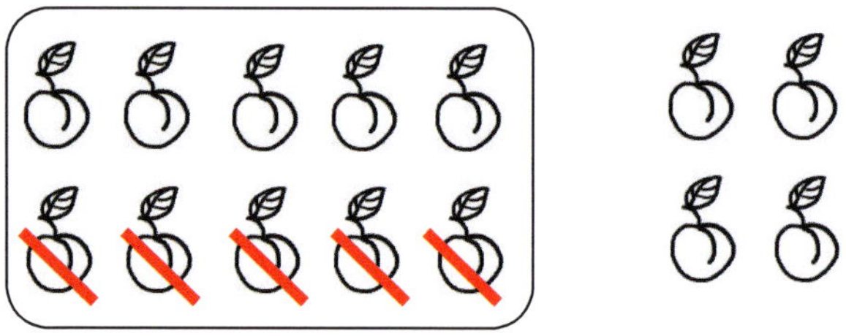

14 - 5 = __

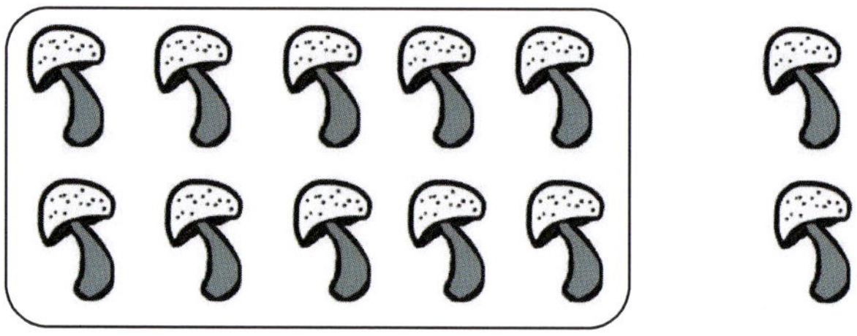

12 - 8 = __

15 - 7 = __

11 - 9 = __

date :

1. Calcul mental : Ajouter et retrancher 2

__ __ __ __ __ __

2. Additionner deux nombres

Compte le nombre de voitures en écrivant une addition

4 + 5 = ...

$$\begin{array}{r} 4 \\ +\ 5 \\ \hline \ldots \end{array}$$

Compte le nombre de bonbons en écrivant une addition

...... + ... = ...

$$\begin{array}{r} \ldots \\ +\ \ldots \\ \hline \ldots \end{array}$$

3. Additionner deux nombres

Compte le nombre de champignons et complète les additions

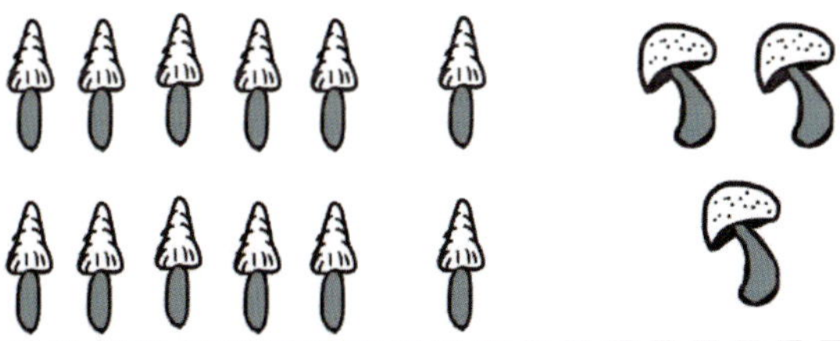

12 + 3 = ...

$$\begin{array}{r} 1\ 2 \\ +\ \ \ 3 \\ \hline \ldots\ \ldots \end{array}$$

Compte le nombre de coquillages et complète les additions

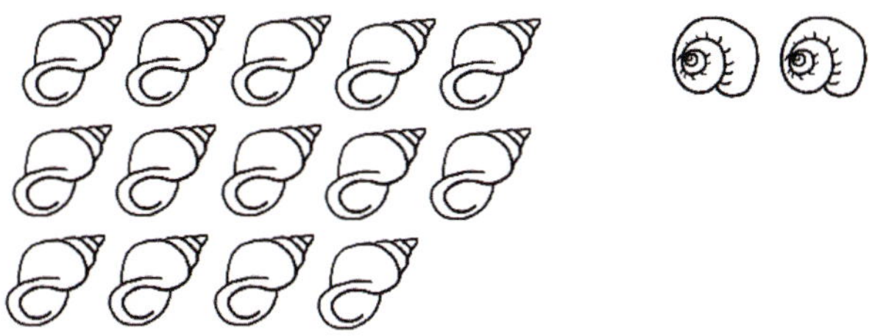

.... + ... = ...

$$\begin{array}{r} \ldots\ \ldots \\ +\ \ \ \ldots \\ \hline \ldots\ \ldots \end{array}$$

4. Comparer des nombres

Entoure le plus petit et **souligne** le plus grand des trois nombres.

7	12	3

18	9	14

15	11	8

1. *Calcul mental* : Ecrire les résultats d'une décomposition

__	__	__	__	__	__

2. *Décomposer un nombre sous la forme 10 + …*

Complète

10 + 6 = __	10 + 3 = __	10 + _ = 12	10 + _ = 15
10 + 9 = __	10 + 4 = __	10 + _ = 18	10 + _ = 17

3. *Dénombrer des objets en faisant des paquets de 10*

Entoure par 10 et **complète**

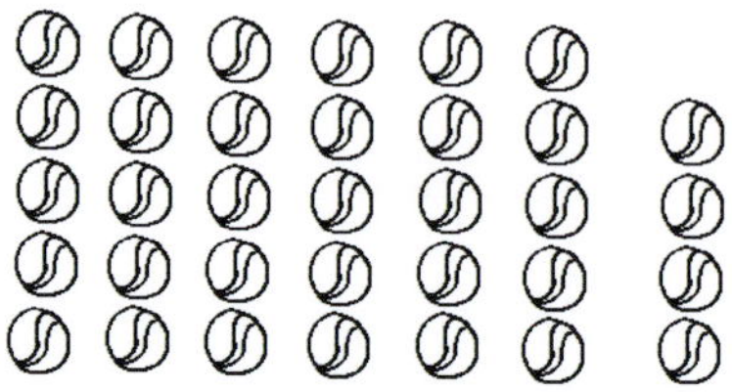

dizaines	unités
___	___

Il y a __ billes.

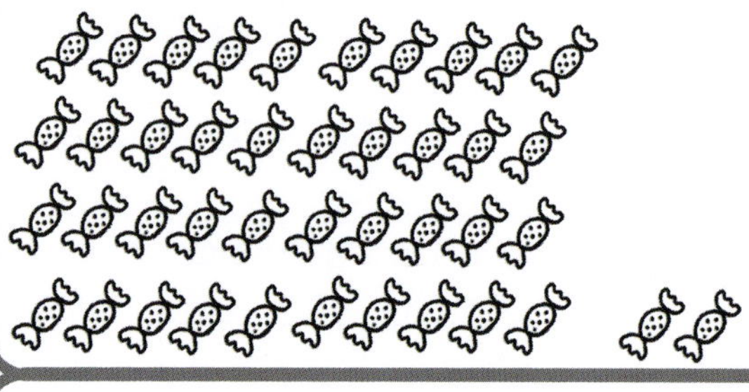

dizaines	unités
___	___

Il y a __ bonbons.

4. *Compléter pour obtenir la quantité demandée*

Dessine les balles qui manquent.

dizaines	unités
2	8

dizaines	unités
3	6

1. *Calcul mental* : **10 + ? = 1X** 2

__ __ __ __ __ __

2. *Effectuer des soustractions simples* 2

3. *Le double des nombres jusqu'à 20*

Complète les boîtes pour 2 **calculer** le double

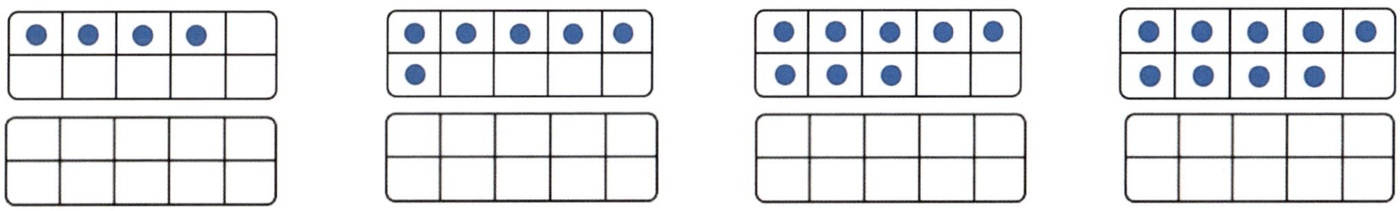

4 + __ = __ 6 + __ = __ 8 + __ = __ 9 + __ = __

4. 2 **Complète** les calculs

8 + 8 = __ 5 + 5 = __ 2 + 2 = __ 7 + 7 = __

6 + 6 = __ 9 + 9 = __ 4 + 4 = __ 3 + 3 = __

5. Devinettes : les doubles 2+1=3

Paul a acheté 2 paquets de 6 images.

Combien a-t-il d'images en tout ?

6 images 6 images

__ + __ = __ ou .... + ... = ...

→ Paul a ___ images

J'ai 8 billes, Léo en a le double.

Combien Léo a-t-il de billes ?

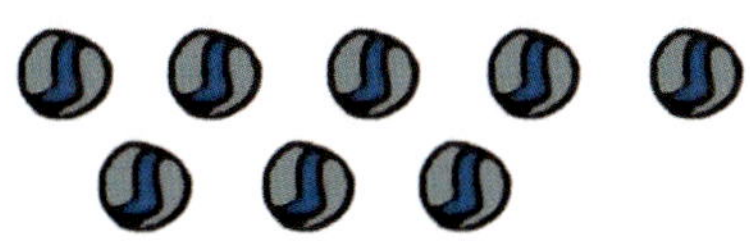

__ + __ = __ ou .... + ... = ...

→ Léo a ___ billes.

36 Les nombres jusqu'à 29

date :

1. Calcul mental : calculer à partir des doubles

__	__	__	__	__	__

2. Des collections de 20

Je veux faire des collections de **20**. ami **Barre** les objets en trop.

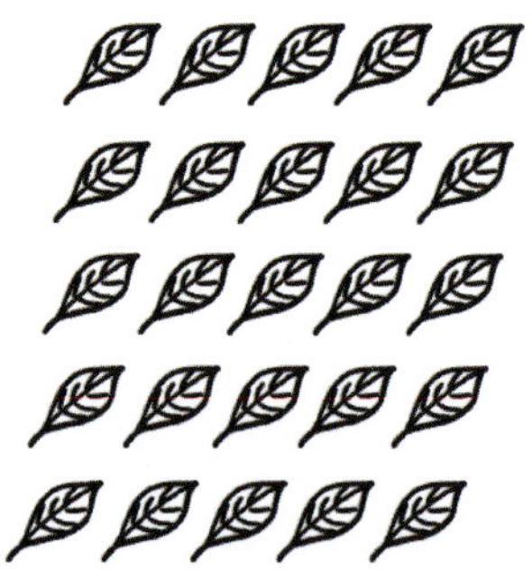

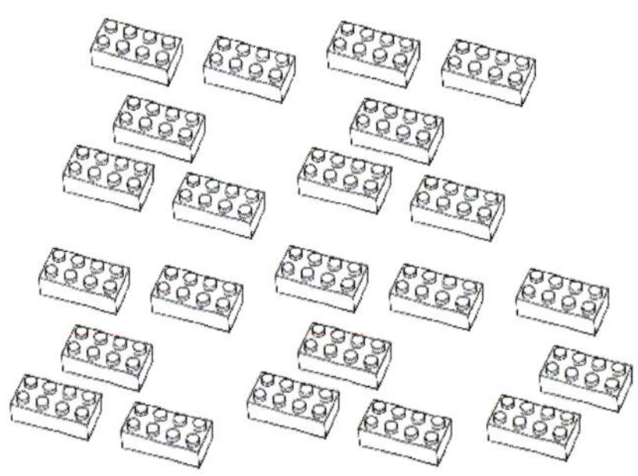

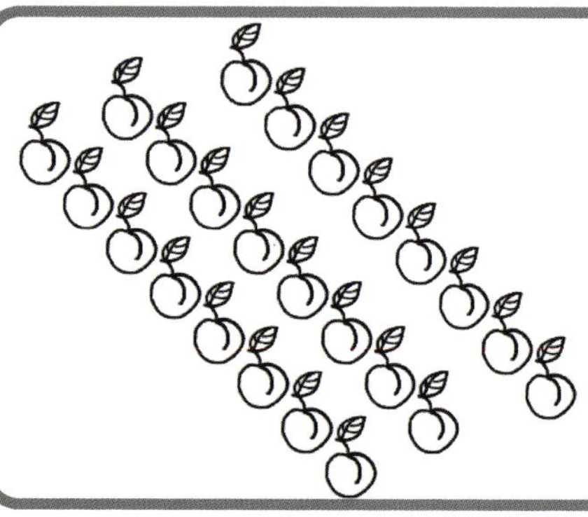

3. Les nombres de 20 à 29

Colorie.

23 doigts

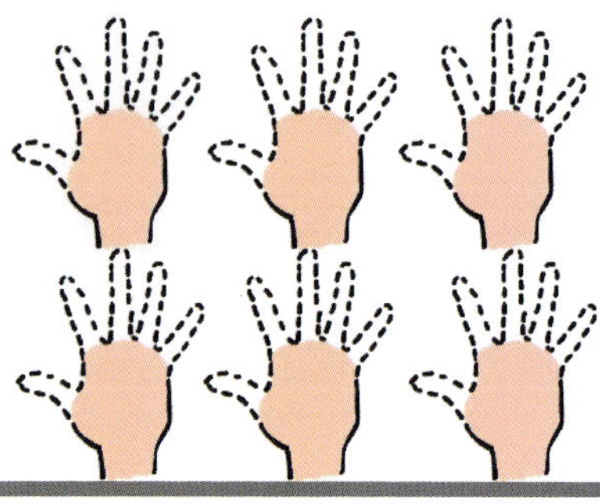

27 bonbons

4. **Colorie** les étiquettes qui font 24

10 + 10 + 4	vingt-quatre	10 + 4	20 + 4
vingt-deux	20 + 3	10 + 18	2 dizaines et 4 unités

5. **Ecris** les nombres qui manquent

	10	11

15		17

	23	24	

date :

1. Calcul mental : ajouter ou retrancher des petits nombres

__ __ __ __ __ __

2. Groupements par 10 jusqu'à 29

Entoure par 10, puis **complète** les phrases et les additions

Il y a _ groupes de 10 feuilles et _ feuilles isolées.

__ + __ + __

→ Cela fait __ feuilles en tout.

Il y a _ groupes de 10 prunes et _ prunes isolées.

__ + __ + __

→ Cela fait __ prunes en tout.

3. Utiliser le tableau des nombres jusqu'à 29

Colorie les étiquettes des nombres de la bonne couleur.

25	6	12	9
14	21	18	29

0									
10									
20									

4. Complète le tableau des nombres jusqu'à 29

0		2			5			8	
10			13			16			19
20	21			24			27		

5. Devinette

Je suis dans la famille des 20 et je finis par 6. Qui suis-je ? → Je suis le __

date :

1. Calcul mental : dictée de nombres

__ __ __ __ __ __ __ __

2. Suite des nombres jusqu'à 39

Ecris ces nombres à leur place sur la file.

7 13 19 25 28 34

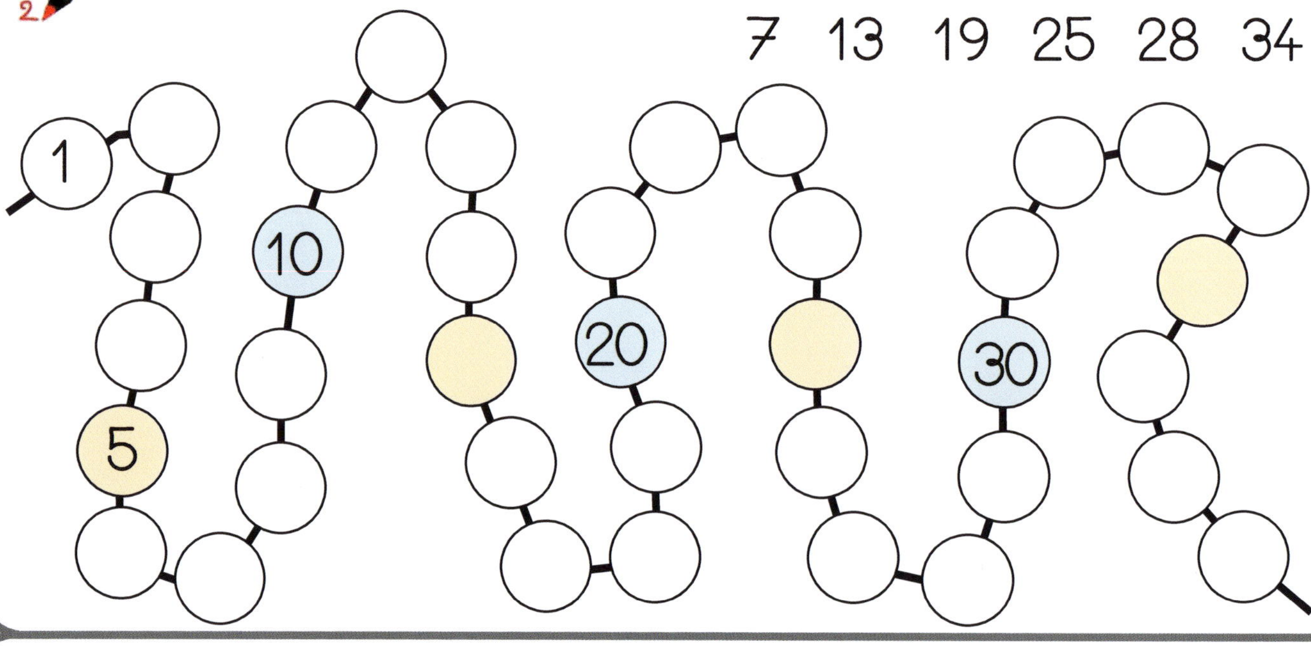

3. Complète le tableau des nombres jusqu'à 39

0			3			6			9
	11	12			15			18	
	21		23				27		29
30				34		36		38	

4. Devinettes

Je suis dans la famille des 30 et je finis par 7. Qui suis-je ? → Je suis le __

J'ai 3 dizaines et 2 unités. Qui suis-je ? → Je suis le __

J'ai 8 unités et 2 dizaines. Qui suis-je ? → Je suis le __

Je suis entre 29 et 31. Qui suis-je ? → Je suis le __

1. *Calcul mental* : Additions

__ __ __ __ __ __ __ __

2. *Groupements par 10 jusqu'à 39*

Combien d'étoiles comptes-tu ?

Entoure par 10 puis **complète**

Il y a _ groupes de 10 étoiles

et _ étoiles isolées.

10 + __ + __ + __ = __

30 + __ = __

C'est _ dizaines et _ unités → cela fait __ étoiles en tout. ;

3. Maman range ses **37 œufs** dans les boîtes.

Termine de les **dessins** et **complète.**

__ + __ + __ + __ = __

__ + __ = __

C'est _ dizaines et _ unités

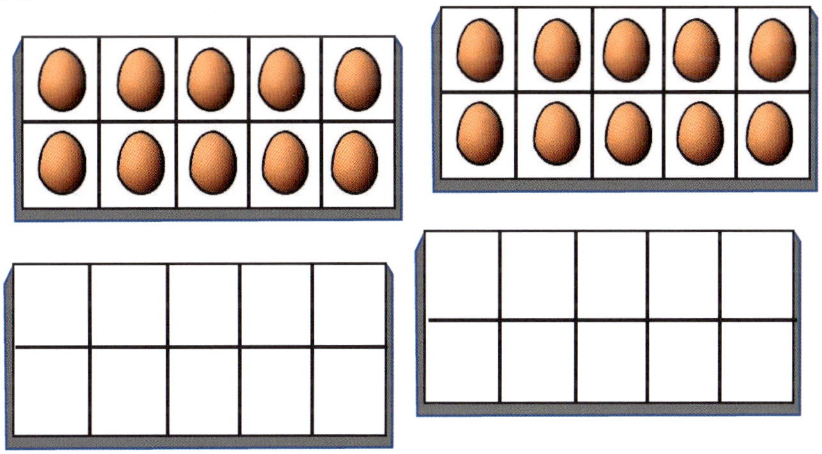

4. **Complète** les calculs

10 + 10 + 10 + 2 = __ | 30 + 4 = __ | 10 + 10 + 1 = __

10 + 10 + 10 + 6 = __ | 30 + 9 = __ | 20 + 7 = __

3 dizaines et 8 unités : __ 3 dizaines et 5 unités : __

date :

1. Calcul mental : Nombre qui suit, nombre qui précède

2

2. Groupements par 10 jusqu'à 39

Compte le nombre de champignons et **colorie** la bonne réponse.

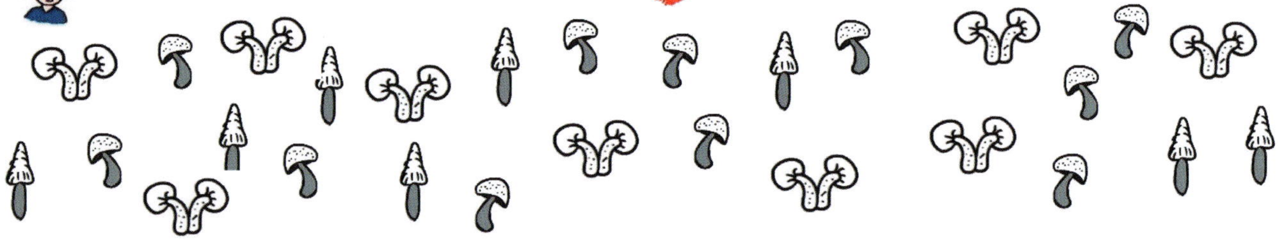

Il y a 27 champignons | Il y a 38 champignons | Il y a 37 champignons

3. Cherche dans le tableau des nombres, la couleur du nombre de chaque personnage. **Colorie**

0									9
10									19
20									29
30									39

Mon nombre est dans la famille des 10 et il finit par 2.
Sa couleur est

Mon nombre n'a pas de paquet de 10 et il finit par 5.
Sa couleur est

Mon nombre a 3 dizaines et il finit par 3.
Sa couleur est

Mon nombre a 2 dizaines
Sa couleur est

4. Devinettes : Problèmes soustractifs

2

Il y a 12 œufs dans le frigo.
Pour faire son gâteau, maman utilise 5 œufs.
Combien reste-t-il d'œufs ?

Il reste ___ oeufs dans la frigo.

Il y a 25 prunes dans le panier.
Julie mange 5 prunes.
Combien reste-t-il de prunes ?

Il reste ___ prunes dans le panier.

1. *Calcul mental* : **Dizaines, unités**

2

2. *Déplacement sur le tableau des nombres jusqu'à 39*

La souris a faim. Elle part de la case 0

Colorie son chemin en suivant les calculs donnés pour savoir quel sera son repas.

0	1	2	3	4	5	6	7	8	9
10	11	12	13	14	15	16	17	18	19
20	21	22	23	24	25	26	27	28	29
30	31	32	33	34	35	36	37	38	39

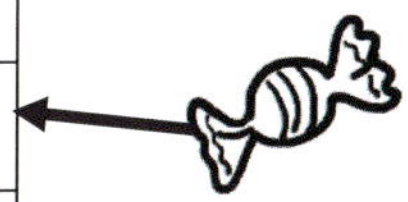

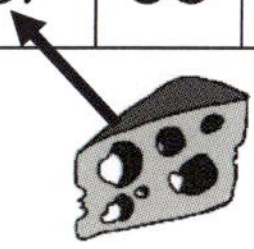

+1 →+10 →+1 →+1 →+10 →+1 →+1 →-10 →+1 →+10 →+10

3. *Comparer et ranger des nombres jusqu'à 39.*

2 **Ecris** le nombre de jetons dans chacun des ensembles.

Entoure le plus **grand**, ami **souligne** le plus **petit.**

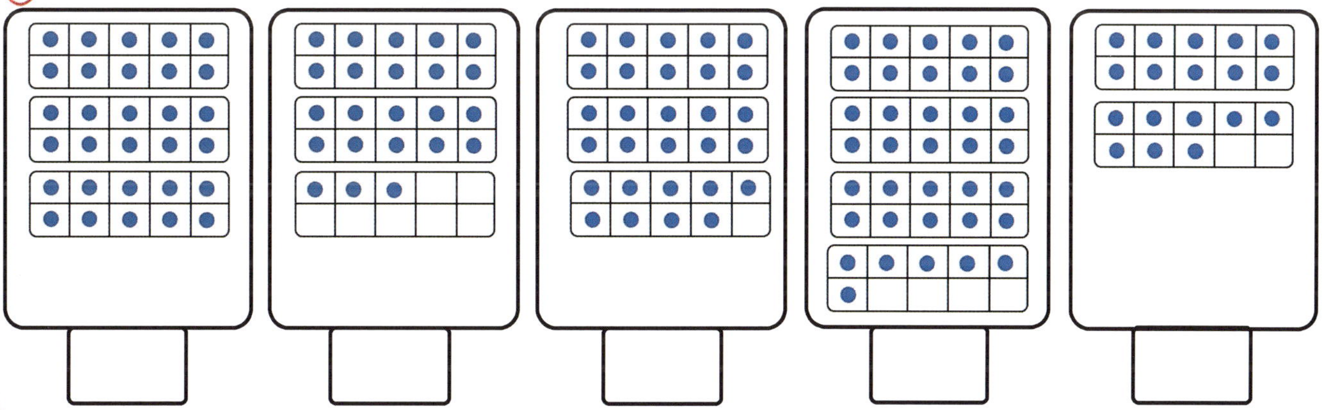

4. Devinettes

2

Léo a cueilli 16 fleurs, Nina en a cueilli 9.
Ils les mettent ensemble et font un bouquet.
Combien y a-t-il de fleurs dans le bouquet ?

Il y a __ fleurs dans la bouquet.

Léa a 12 barrettes bleues et 7 barrettes roses.

Combien a-t-elle de barrettes en tout ?

Léa a __ barrettes en tout.

1. *Calcul mental* : **Des sommes avec les euros**

2

2. **Réunis** les nombres dans l'ordre de 1 à 39

3. **Colorie** chaque fois le plus grand des deux nombres

6	3
23	28
24	14
28	31

16	9
11	8
36	39
35	27

4. *Comparer et ranger des nombres jusqu'à 39.*

2 **Range** les nombres du plus petit au plus grand.

27 15 33 8 21 36

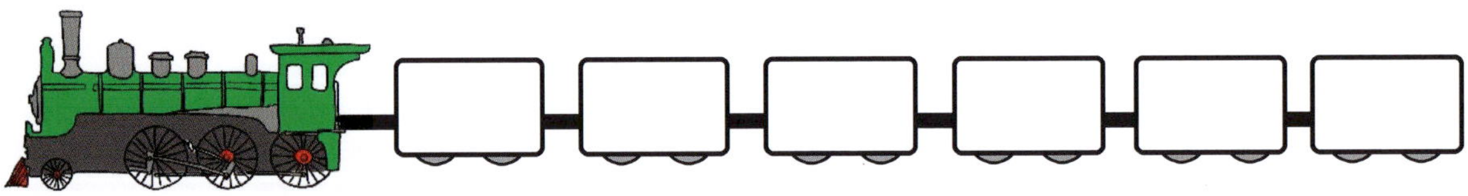

5. Devinettes

2

Léo a 2 billets de 10 euros.

Pour son anniversaire ses parents lui donnent 1 billet de 10 euros et encore 2 euros.

Combien Léo a-t-il d'euros ?

→ Léo a ___ euros

Léa a 28 euros dans sa tirelire.

Elle achète un collier à 7 euros.

Combien d'euros lui reste-t-il ?

→ Léa a encore___ euros.

1. Calcul mental : Déplacement sur la file numérique

2. Ecris les nombres en lettres en t'aidant des étiquettes.

1 – un	7 – sept
2 – deux	8 – huit
3 – trois	9 – neuf
4 – quatre	10 – dix
5 – cinq	20 – vingt
6 – six	30 – trente

18 – ______________________

27 – ______________________

39 – ______________________

23 – ______________________

36 – ______________________

32 – ______________________

3. Encadrer et intercaler les nombres jusqu'à 39.

Complète avec le nombre juste avant et juste après.

	5			15			25			22	
	12			31			38			30	

Complète avec un nombre qui convient.

9		11	21		26	10		20	17		22
31		33	29		31	34		38	24		29

4. Devinette

Lili et Théo se partagent équitablement les champignons.

Combien en auront-ils chacun ?

Lili aura ___ champignons

Théo aura ___ champignons

44 Additionner en passant par 10

date :

1. Calcul mental : Dictée de nombres

2. Complète

pour que le résultat soit égal à 5

- 2 + _
- 1 + _
- 3 + _
- 0 + _
- 4 + _
- 7 - _
- 6 - _
- 10 - _

pour que le résultat soit égal à 10

- 4 + _
- 1 + _
- 5 + _
- 9 + _
- 8 + _
- 15 - _
- 3 + _
- 11 - _

3. Calculer en passant par 10.

Calcule en passant par 10

8+2+9 → 10 + 9 → __

6+5+5 → __ + __ → __

3+7+6 → __ + __ → __

7+6+4 → __ + __ → __

6+4+3 = __ 5+8+5 = __ 9+1+7 = __

2+5+8 = __ 3+7+1 = __ 4+8+6 = __

4. Devinette

Les enfants tirent chacun 3 cartes, **entoure** le gagnant qui est celui qui a le plus de points.

1. Calcul mental : Nombre avant, nombre après

2. Se déplacer sur le tableau des nombres pour calculer

2+1=3 **Calcule**

28 + 10 = __ | 5 + 10 = __ | 12 + 10 = __ | 20 + 10 = __

18 + 20 = __ | 5 + 20 = __ | 20 + 12 = __ | 20 + 16 = __

3. Compléter à la dizaine supérieure

Complète les calculs

8 + __ = 10 | 3 + __ = 10 | 5 + __ = 10 | 1 + __ = 10

18 + __ = 20 | 13 + __ = 20 | 15 + __ = 20 | 11 + __ = 20

28 + __ = 30 | 23 + __ = 30 | 25 + __ = 30 | 21 + __ = 30

4. **Complète** chaque calcul avec l'une des trois étiquettes

12 21 14 | 16 9 19 | 13 23 32

__ + 8 = 20 | __ + 1 = 20 | __ + 7 = 30

5. Un total de 10.

Lisa, Jules et Laura tirent chacun 4 cartes,

Colorie les cartes que chacun doit choisir pour avoir un total de 10.

4 1 2 5

3 5 3 4

6 3 1 2

date :

1. *Calcul mental* : **Dictée de nombres décomposés**

2. **Complète** la table d'addition avec les nombres manquant

+	1	2	3	4	5	6	7	8	9	10
1	2	3	4	5	6	7	8	9	10	11
2	3		5	6		8	9			12
3	4		6	7		9		11		
4	6	6		8	9		11		13	14
5	6	7	8		10	11	12	13	14	
6	7		9	10	11		13		15	16
7	8	9				13	14			17
8	9	10		12		14		16		18
9	10	11	12		14	15		17	18	
10	11		13		15		17		19	20

Je me sers du tableau pour calculer

6 + 5 = 11

3. **Complète** les additions en t'aidant du tableau

9 + 7 = __ | 5 + 6 = __ | 8 + 9 = __ | 7 + 6 = __

9 + __ = 17 | 5 + __ = 14 | 8 + __ = 12 | 7 + __ = 9

4. **Complète** ces additions avec deux calculs différents

15 = __ + __ 15 = __ + __ 12 = __ + __ 12 = __ + __

8 = __ + __ 8 = __ + __ 14 = __ + __ 14 = __ + __

1. *Calcul mental* : Calcul mental

2

2. *Suite des nombres jusqu'à 49*

2 **Ecris** les nombres qui manquent.

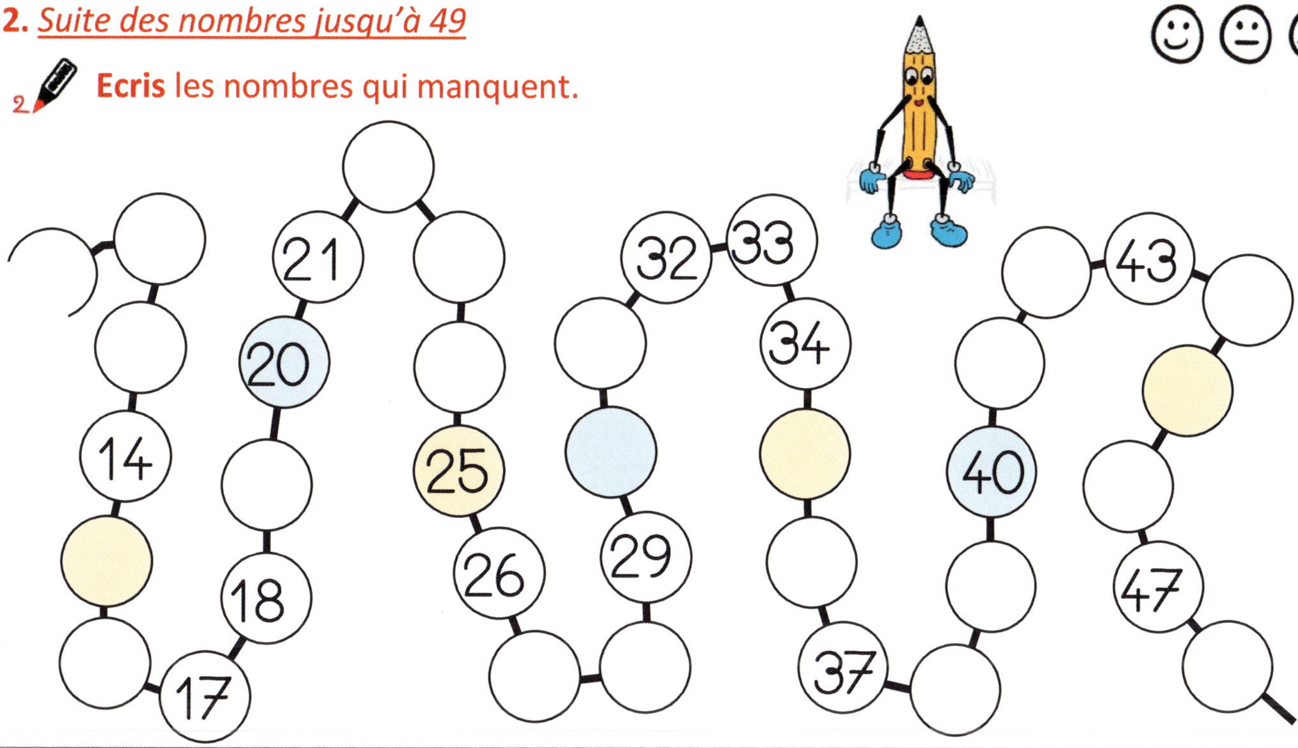

3. *Utiliser le tableau des nombres jusqu'à 49*

Colorie les étiquettes des nombres de la bonne couleur.

2 Puis **écris**-les au bon endroit dans le tableau

48	23	32	15
36	41	7	14

0									9
10									19
20									29
30									39
40									49

4. Devinettes

2

Je suis dans la famille des 30 et je finis par 2. Qui suis-je ? → Je suis le ___

J'ai 4 dizaines et 5 unités. Qui suis-je ? → Je suis le ___

J'ai 6 unités et 1 dizaine. Qui suis-je ? → Je suis le ___

1. *Calcul mental* : connaître les nombres jusqu'à 49

2. *Etablir un lien entre groupement par 10 et numération de position*

Compte, **complète** le tableau et la phrase.

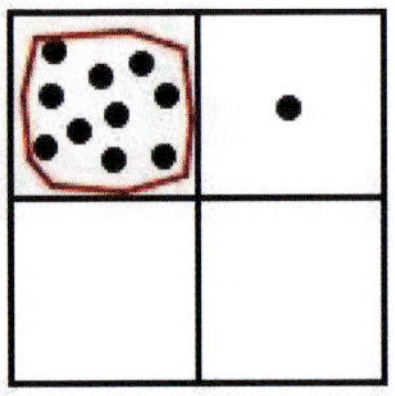

Il y a __ étoiles.

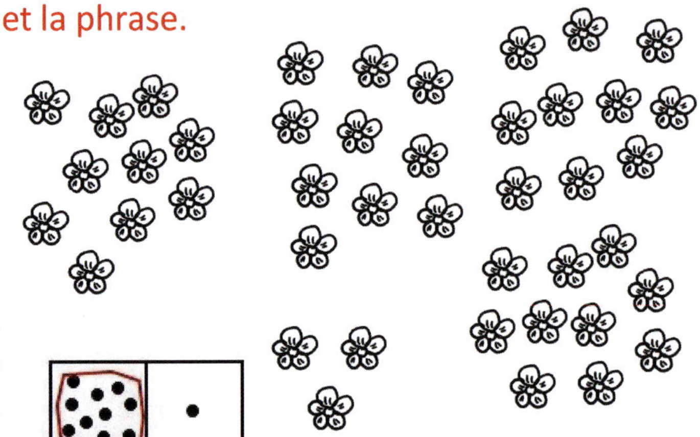

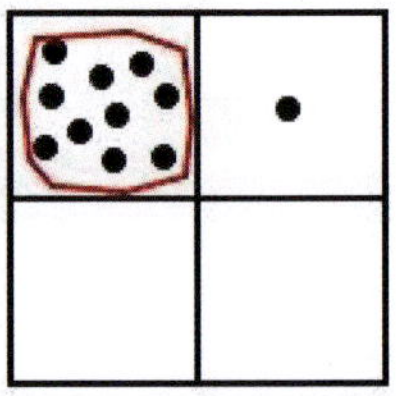

Il y a __ fleurs

3. *Construire des quantités*

Dessine 41 jetons
et **complète** le tableau.

Il y a __ jetons.

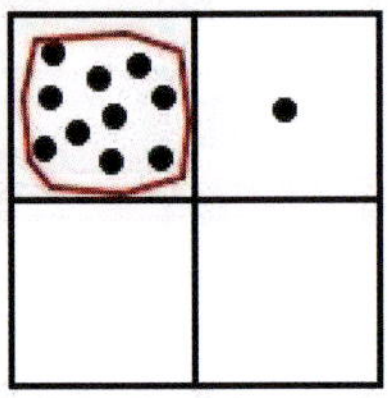

Dessine ce qui manque pour avoir
48 perles et **complète** le tableau.

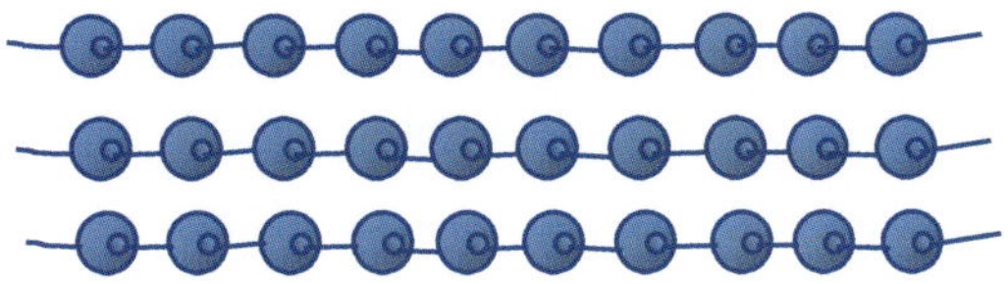

Il y a __ perles.

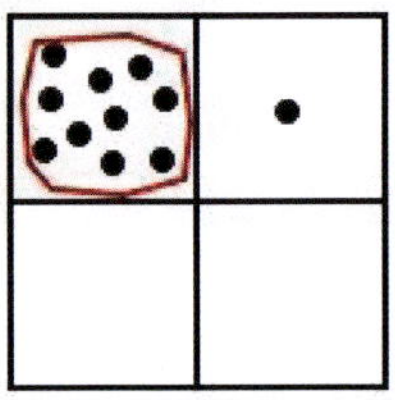

4. *Comparer des nombres*

Colorie le nombre le plus grand

48 | 38

14 | 41

Ecris le signe < ou >

32 36

43 34

date :

1. Calcul mental : complément à 10

2

2. 2 **Compte** le nombre de jetons

Lisa a ___d ___u

Ça fait ___ + ___

Lisa a ___ jetons.

Jules a ___d ___u

Ça fait ___ + ___

Jules a ___ jetons.

Léo a ___d ___u

Ça fait ___ + ___

Léo a ___ jetons.

3. Décomposer un nombre

2 **Complète** comme dans l'exemple

37	10 + 10 + 10 + 7	30 + 7
42		
26		
14		
35		

4. Comparer des nombres

Entoure le plus grand des trois nombres

28	34	46
23	42	32
40	31	13

5. 2 **Range** les nombres du plus petit au plus grand

45 16 43 27 9 38

le plus petit ... le plus grand

50 Compter de 2 en 2, de 3 en 3…

date :

1. *Calcul mental* : **Nombre avant, nombre après**

2. Compte en avançant de 2 en 2 de 0 à 14, **entoure** les nombres sur lesquels la grenouille arrive.

0 1 2 3 4 5 6 7 8 9 10 11 12 13 14

3. Compte en avançant de 3 en 3, **entoure** les nombres.

0 1 2 3 4 5 6 7 8 9 10 11 12 13 14 15 16 17 18 19 20 21

4. Compte en reculant de 2 en 2, **entoure** les nombres

0 1 2 3 4 5 6 7 8 9 10 11 12 13 14 15 16 17

5. Devinettes : *Résoudre des situations soustractives : ce qui manque.*

Mimi veut s'acheter une montre à 10 euros, mais elle n'a que 8 euros.

Combien d'euros lui manque-t-il ?

Il lui manque __ euros

Titus veut préparer 8 gâteaux.
Il en a déjà préparé 4.

Combien de gâteaux doit-il encore préparer ?

Il doit encore préparer __ gâteaux

date :

1. *Calcul mental* : **Retrancher 1**

__ __ __ __ __ __ __ __

2. La grenouille, le kangourou et le lapin font des sauts.
Trouve la règle, puis **complète.**

+ __

1 — 3 — 5 — ☐ — ☐ — ☐ — ☐ — ☐ →

+ __

0 — 5 — 10 — ☐ — ☐ — ☐ — ☐ — ☐ →

- __

☐ — ☐ — ☐ — ☐ — ☐ — 20 — 24 — 28 →

3. 2+1=3 **Calcule**

28 + 10 = __	7 + 10 = __	34 + 10 = __	12 + 10 = __
19 + 20 = __	4 + 30 = __	25 + 20 = __	16 + 30 = __

4. Devinette *:* Des échanges

Toudou veut échanger ses pièces de 1 euro contre des billets de 10 euros

Combien de billets de 10 € peut-il avoir en échangeant ses pièces ?

Combien de pièces lui reste -t-il ?

Léo peut avoir __ billets de 10€ et il aura encore __ pièces de 1€

1. *Calcul mental* : **Ecrire le plus grand** des deux nombres dictés

__	__	__	__	__	__	__	__

2. **Complète** avec les nombres qui manquent.

0	1	2	3	4	5	6	7	8	9
10	11	12				16	17		19
20			23		25			28	29
30	31			34	35		37		39
40	41	42	43			46		48	49
50				54	55		57		59

3. **Complète** chaque étiquette avec le nombre qui convient.

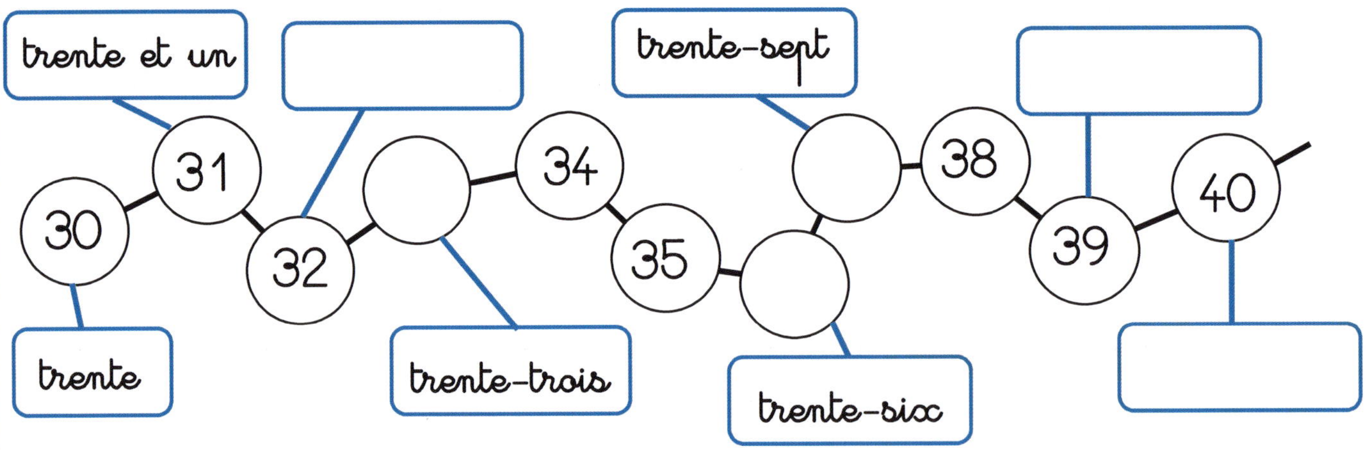

4. Devinette : Qui suis-je ? **Ecris** le nombre qui convient.

Je suis juste <u>avant 42</u> ◯

Je suis juste <u>après 39</u> ◯

je suis <u>entre 54 et 56</u> ◯

date :

1. *Calcul mental* : **Ecrire le plus petit** des deux nombres dictés

__	__	__	__	__	__	__	__

2. Ecris dans le tableau au bon endroit les nombres étiquettes.

43 55
38 22
41 57
58 29

20			23		25			28	
30	31			34			37		39
40						46		48	
50		52							59

3. **Complète**

cinquante-six	56	50 + 6	__ dizaines et __ unités
______________	57	______	__ dizaines et __ unités
cinquante-neuf	___	______	5 dizaines et 9 unités
______________	___	50 + 2	__ dizaines et __ unités

4. Devinettes

Combien de mirabelles Jules a-t-il ramassé ?

__ + __ + __ + __ + __ = _____

Jules a ramassé __ mirabelles.

C'est __ dizaines et __ unités

Paul a des billes.

À la récréation, il gagne 8 billes.

Maintenant, il a 17 billes.

Combien de billes avait-il avant la récréation ?

17 + 8 = 25 ou 17 - 8 = 9

Paul avait __ billes.

date :

1. *Calcul mental* : Décomposition de nombres

__ __ __ __ __ __ __ __

2. Avec les étiquettes nombres trouve 6 nombres de deux chiffres puis **écris** les du plus petit au plus grand.

2 5 4

___ ___ ___ ___ ___ ___

3. Complète avec le nombre juste avant et le nombre juste après.

	48			54			39			25	

4. Entoure le nombre le plus petit.

43 | 30 + 8

50 + 6 | 50 + 9

40 + 4 | 50 + 1

5. Colorie le bon signe.

23 < > 35

47 < > 54

26 < > 28

32 < > 23

22 < > 18

43 < > 34

19 < > 15

57 < > 58

6. Devinettes

Lili veut acheter un jouet, elle a 29 €

Entoure les jouets que Lili peut acheter.

Léo a 12 billes bleues et des billes rouges.
En tout, il a 20 billes.
Combien a-t-il de billes rouges ?

Léo a __ billes rouges.

date :

1. *Calcul mental* : **Petits calculs**

2

___ ___ ___ ___ ___ ___ ___ ___

2. Le dé indique : + 10 ou + 1

2 **Ecris** le nombre obtenu après chaque lancer de dé.

24 [+ 10] → ___   43 [+ 10] → ___   18 [+ 10] → ___

26 [+ 1] → ___   49 [+ 1] → ___   37 [+ 1] → ___

3. Le dé indique : - 10 ou - 1

2 **Ecris** le nombre obtenu après chaque lancer de dé.

24 [- 10] → ___   43 [- 10] → ___   18 [- 10] → ___

26 [- 1] → ___   49 [- 1] → ___   37 [- 1] → ___

4. *Jeu de dés*

Lisa et Léo jouent avec les dés. Ils démarrent de 0 et lancent le dé à tour de rôle.

2+1=3 **Calcule** leurs résultats.

Entoure le gagnant (celui qui a le plus grand nombre à l'arrivée).

0 → [+ 10] → ___ → [+ 10] → ___ → [+ 10] → ___ → [- 1] → ___

0 → [+ 1] → ___ → [+ 10] → ___ → [+ 10] → ___ → [+ 1] → ___

1. *Calcul mental* : Ecrire le chef de famille

__ __ __ __ __ __ __ __

2. Complète chaque étiquette avec le nombre qui convient.

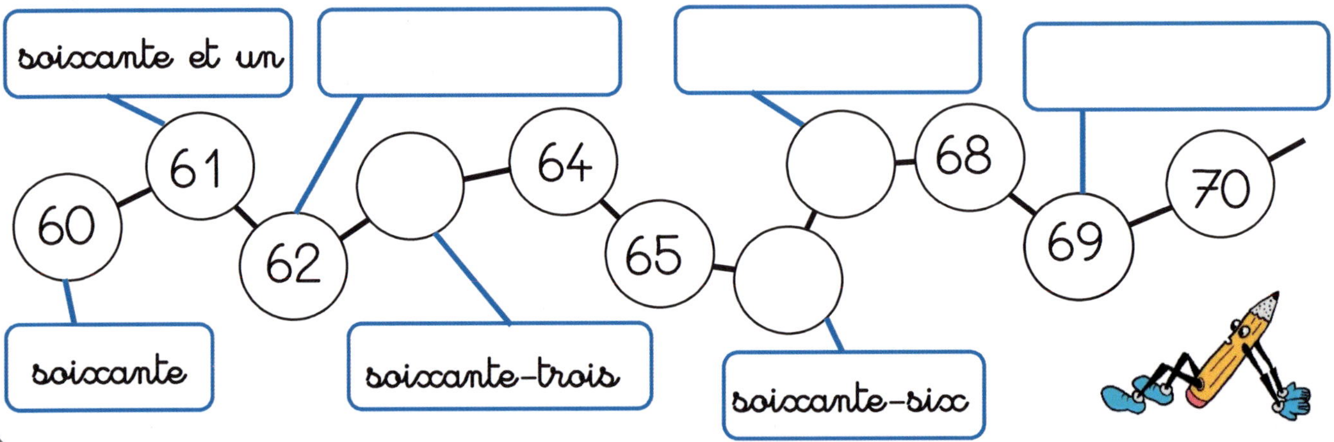

3. Barre l'intrus qui ne fait pas 62

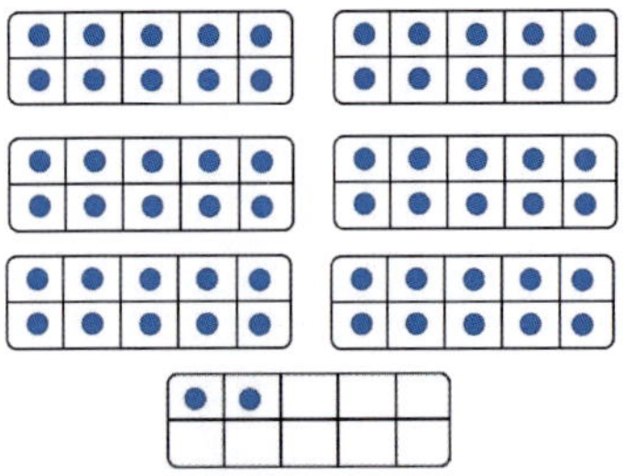

soixante-deux

2 + 60

2d 6u

60 + 2

6d 2u

30 + 30 + 2

4. Complète les additions

60 + 4 = __ 60 + __ = 67 60 + 3 = __ 60 + __ = 62

60 - 8 = __ 68 - 60 = __ 65 - 5 = __ 61 - 61 = __

5. Devinette

Il y a 9 ballons de football et des ballons de basket.
En tout, il y a 18 ballons.

Combien y a-t-il de ballons de basket ?

___ + ___ = ___ Il y a __ ballons de basket

date :

1. *Calcul mental* : dictée de nombres

2

__ __ __ __ __ __ __ __

2. Cherche dans le tableau des nombres la couleur du nombre de chaque personnage.

	21						27		
	31						37		
	41						47		
	51						57		
	61						67		

Mon nombre a 4 dizaines et 5 unités.
Sa couleur est ☐

Mon nombre a 5 dizaines
Sa couleur est ☐

Mon nombre a des dizaines et 4 unités.
Sa couleur est ☐

Mon nombre a 6 dizaines et 8 unités.
Sa couleur est ☐

3. Complète ces morceaux de tableau

2

		36	
44			
	55		
			67

33				
		45		
				57
	64			

4. Devinette

2+1= 3

Léo a 4 sachets de 10 billes et encore 3 billes

Combien de billes a-t-il en tout ?

____+____+____+____+____=____

Léo a __ billes en tout.

1. *Calcul mental* : Complément à la dizaine supérieure

__ __ __ __ __ __ __ __

2. Avec les étiquettes nombres trouve 6 nombres de deux chiffres puis **écris**-les, du plus petit au plus grand.

1 6 3

____ ____ ____ ____ ____ ____

3. **Complète** le tableau

vingt-six		20 + 6	__ dizaines et __ unités
____________	37	_____	__ dizaines et __ unités
cinquante-trois	___	_____	5 dizaines et 3 unités
____________	68	_____	__ dizaines et __ unités

4. **Range** les nombres du plus petit au plus grand

60 26 62 46 16 20

le plus petit … le plus grand

5. Devinettes

Lisa a ramassé 7 fleurs,
elle en veut 10 pour faire son bouquet

Combien de fleurs doit-elle encore ramasser ?

Lisa doit ramasser __ fleurs.

Maman récolte les pommes de terre,
elle en a trouvé 2, mais en veut 10 pour sa purée

Combien de pommes de terre lui manque-t-il ?

Il lui manque __ pommes de terre

+ ou – des dizaines entières

date :

1. Calcul mental : + 10 ou - 10

2

__ __ __ __ __ __ __ __

2. Le dé indique : + 10, + 20, + 30 ou - 10, -20, -30

2 **Ecris** le nombre obtenu après chaque lancé de dé.

15 +20 → ____

26 + 10 → ____

49 -20 → ____

67 - 10 → ____

38 +30 → ____

52 -30 → ____

0	1	2	3	4	5	6	7	8	9
10					15				
20		22				26			29
30					35	36		38	
40									49
50		52					57		
60							67	68	

Tu peux t'aider du tableau des nombres

3. Calculer la somme de nombres formés de dizaines entières.

Jules et Laura calculent 30 + 20. 2 **Complète** leur calcul.

Je fais des paquets de 10 puis je compte les paquets

Je compte les dizaines

30 + 20 = __ + __ + __ + __ + __

30 + 20 = __

30 + 20 = _ dizaines + _ dizaines

30 + 20 = _ dizaines = __

2 + 1 = 3 **Calcule** comme Jules ou Laura

20 + 10 = __ 20 + 30 = __ 10 + 50 = __

10 + 40 = __ 20 + 40 = __ 10 + 30 = __

date :

1. Calcul mental : + ou – des dizaines entières

2

__ __ __ __ __ __ __ __

2. Titus a marché sur ma table d'addition. **Complète** les cases libres

2

+	3	4	5	6	7	8	9
3							
4							
5							
6							
7							

3 + 5 = __

4 + 4 = __

5 + 7 = __

6 + 8 = __

7 + 6 = __

3. Utiliser la table d'addition pour calculer

2

Recopie les calculs dans les bonnes maisons.

7 + 7 | 8 + 8 | 6 + 10 | 8 + 5 | 9 + 6 | 9 + 7 | 10 + 5 | 7 + 8 | 6 + 7 | 6 + 8 | 4 + 9 | 5 + 9

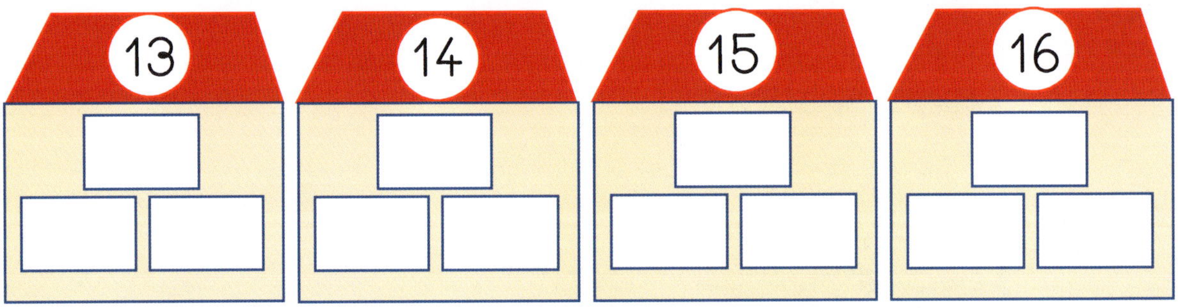

4. Devinette

2 + 1 = 3

Louis a 46 billes. Il donne 2 dizaines à son frère.

Combien de billes lui reste-t-il ?

Calcule : ______________ = __

Il lui reste __ billes.

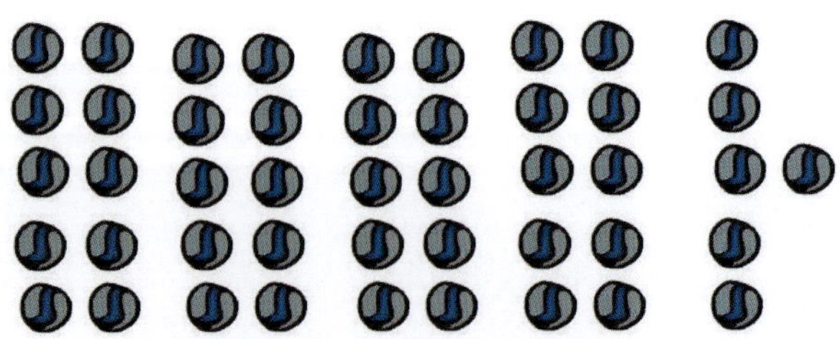

61 Ajouter 11

date :

1. *Calcul mental* : **Le nombre précédent jusqu'à 69** 2

__	__	__	__	__	__	__	__

2. 2 **Ecris** le nombre juste avant et juste après

	37			50			61			46			59	

3. 2 **Complète** le tableau

Dizaine juste avant		Dizaine juste après
_____	27	_____
_____	31	_____
_____	54	_____
_____	43	_____

Complète avec un nombre qui convient

23		28
47		50
30		60
54		67

4. 2 **Ajoute :** + 11 → **(tu ajoutes 1 dizaine et encore 1 unité)**

7 + 11 = __ 5 + 11 = __ 10 + 11 = __ 20 + 11 = __

4 + 11 = __ 8 + 11 = __ 13 + 11 = __ 43 + 11 = __

2 + 11 = __ 3 + 11 = __ 26 + 11 = __ 38 + 11 = __

5. Devinette 2+1=3

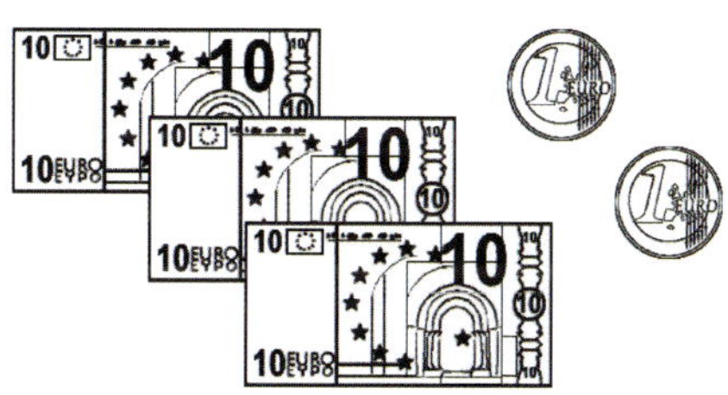

Léon a 32 € dans sa tirelire.

Emile a 11 € de plus que Léon.

Quelle somme possède Emile ?

Calcule : _____________ = ____

Emile possède ___ €

1. ***Calcul mental*** **: Le plus petit des deux nombres** 2

__	__	__	__	__	__	__	__

2. Ecris le signe < ou > ou =

10 + 10 + 10 + 7 .... 4 dizaines

60 + 4 .... 10 + 10 + 10 + 10 + 4

10 + 10 + 10 + 10 + 2 42

10 + 10 + 6 ....6 dizaines 2 unités

30 + 9 ....3 dizaines 9 unités

35 ....10 + 10 + 10 + 4

3. Indique par des flèches l'emplacement des nombres.

51 54 59 68

49								57							64				

56 61 63 66

4. 2 **Ajoute :** + 9 → **(tu ajoutes 1 dizaine et tu enlèves 1 unité)**

7 + 9 = __ 5 + 9 = __ 10 + 9 = __ 20 + 9 = __

4 + 9 = __ 8 + 9 = __ 13 + 9 = __ 43 + 9 = __

2 + 9 = __ 3 + 9 = __ 26 + 9 = __ 38 + 9 = __

5. Devinette 2

Yacine a 6 images.

Sa sœur en a le double.

Combien d'images ont-ils ensemble ?

→ Ensemble, ils ont ___ images.

1. Calcul mental : ajouter +11

2

___ ___ ___ ___ ___ ___ ___ ___

2. Colorie en respectant le code couleur.

Plus petit que 50	50	Entre 50 et 60	60	Plus grand que 60

3. Enlève : – 11 → (tu enlèves 1 dizaine et encore 1 unité)

2

25 - 11 = ___	45 - 11 = ___	61 - 11 = ___	31 - 11 = ___
19 - 11 = ___	16 - 11 = ___	12 - 11 = ___	17 - 11 = ___
26 - 11 = ___	47 - 11 = ___	64 - 11 = ___	53 - 11 = ___

4. Devinette

2+1=3

Pour sa salade de fruits, Lili a pris :

3 bananes, 2 oranges, 5 pommes et 4 poires.

Combien de fruits a-t-elle utilisé ?

→ Elle a utilisé ___ fruits.

1. *Calcul mental* : ajouter +9

2

2. Jeu de la tirelire.

2+1=3

Dans ma tirelire j'ai __€, je rajoute __€, au total j'ai __ + __ = __€

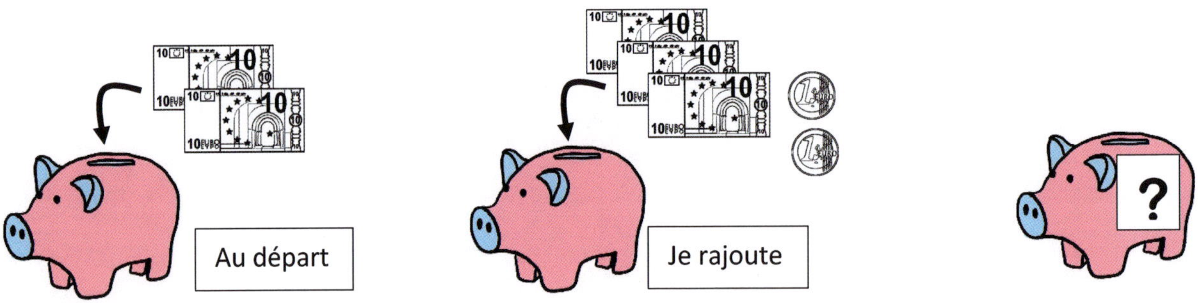

Dans ma tirelire j'ai __€, je rajoute __€, au total j'ai __ + __ = __€

3. Enlève : - 9 → (tu enlèves 1 dizaine et ajoute 1 unité)

2

25 - 9 = __	45 - 9 = __	61 - 9 = __	31 - 9 = __
19 - 9 = __	16 - 9 = __	12 - 9 = __	17 - 9 = __
26 - 9 = __	47 - 9 = __	64 - 9 = __	53 - 9 = __

4. Devinette

Arthur et Nicolas comptent leurs petites voitures :
Arthur en a 26. Nicolas en a 9 de moins.

Calcule le nombre de voitures de Nicolas ?

→ Nicolas a ___ petites voitures.

Ecrire les nombres de 60 à 79

date :

1. Calcul mental : enlever -11

2

__ | __ | __ | __ | __ | __ | __ | __

2. Complète le tableau. 2

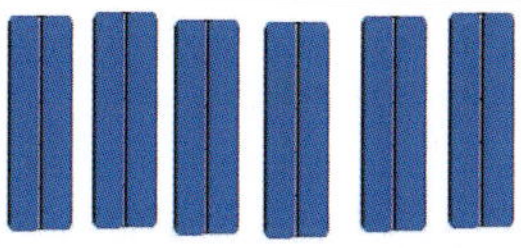	6d	60	soixante	
	6d 3u	__	______________	60 + 3
	_d _u	__	soixante-neuf	__ + _
	_d	70	soixante-dix	60 + 10
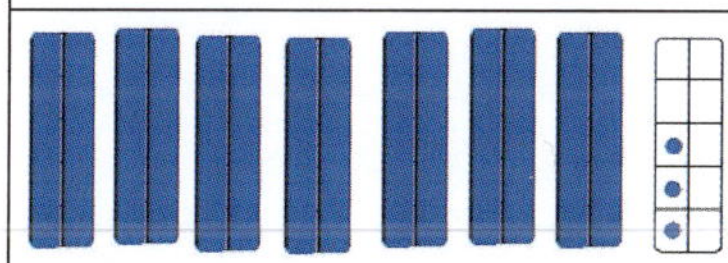	7d 3u	__	soixante-treize	__ + __
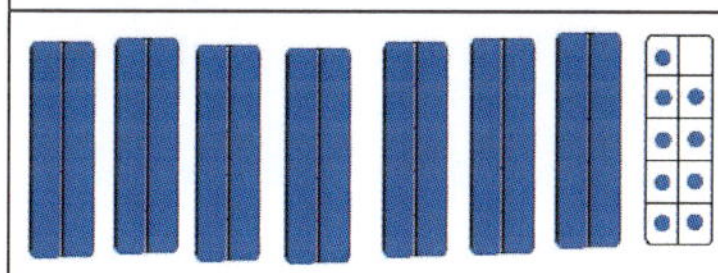	_d _u	__	________________	60 + 19

3. 2 **Complète** la file et **relie** les étiquettes aux nombres en chiffres.

66	__	__	69	__	71	__	__	74	__	76	__	__	79

soixante-huit | soixante-dix | soixante-quatorze | soixante-dix-sept

4. 2 **Complète**

60 + 1 = __ 60 + 4 = __ 60 + 6 = __ 60 + 8 = __

70 + 2 = __ 70 + 5 = __ 70 + 7 = __ 70 + 9 = __

1. Calcul mental : enlever -9

2

__	__	__	__	__	__	__	__

2. Cherche dans le tableau des nombres la couleur du nombre de chaque personnage.

		32							39
							47		
50						56			
			63					68	
	71				75				79

Mon nombre a 6 dizaines et 5 unités
Sa couleur est

Mon nombre a 4 dizaines
Sa couleur est

Mon nombre est plus petit que 39, il a 3 unités.
Sa couleur est

Mon nombre est compris entre 75 et 79.
Sa couleur est

3. Avec les étiquettes nombres trouve 6 nombres de deux chiffres puis 2 écris les du plus petit au plus grand.

7 6 3

____	____	____	____	____	____

4. Devinette 2

La maîtresse a acheté 6 paquets de 10 crayons de couleur.
Elle donne 1 paquet complet à Léo et encore 5 crayons à Lisa.

Combien de crayons lui reste-t-il ?

Il lui reste __ crayons.

67 Comparer, ranger : inférieur, supérieur

date :

1. Calcul mental : dictée de nombres

__	__	__	__	__	__	__	__

2. Colorie en jaune la dizaine de chaque nombre,

Entoure le plus grand nombre (celui qui est **supérieur**)

Ecris le signe qui convient : **<** ou **>**

73 __ 68	62 __ 71	72 __ 42	66 __ 70
67 __ 51	59 __ 77	64 __ 54	47 __ 74

3. Colorie dans chaque groupe le nombre inférieur aux deux autres

(le nombre le plus petit)

56	43	65
61	9	73
78	62	51
67	69	62
72	53	35

4. Colorie dans chaque groupe le nombre supérieur aux deux autres

(le nombre le plus grand)

54	63	66
78	67	69
74	72	78
6	54	46
76	52	62

5. Devinettes

Lili a 34 euros,

elle veut s'acheter une poupée qui coûte 40€

Combien d'euros lui manque-t-il ?

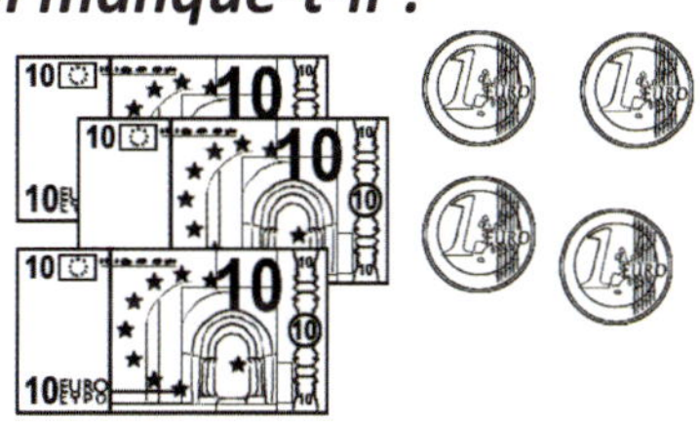

Il lui manque __ euros.

Emile a 70 euros

Il veut s'acheter une petite voiture

qui coûte 45 euros.

A-t-il assez d'euros ? **OUI** **NON**

Combien d'euros a-t-il en plus ?

Il a __ euros en plus.

1. *Calcul mental* : **doubles jusqu'à 10+10**

__ __ __ __ __ __ __ __

2. Thomas et Lili ont acheté un paquet de 16 bonbons.
Ils les partagent en deux parts égales.
Dessine les bonbons de Thomas et ceux de Lili puis **complète**.

_ + _ = 16

La moitié de 16, c'est _

→ Thomas et Lili ont chacun _ bonbons

3. On met le même nombre de poires dans chaque panier.
Fais le partage et **complète**.

La moitié de 6, c'est __

4. Les écureuils prennent chacun le même nombre de noisettes.
Fais le partage et **complète**.

Chaque écureuil aura _ noisettes

La moitié de 12 c'est __

5. Devinette

Les canards sont cachés derrière le mur, on ne voit que leurs pattes.

→ On peut voir __ pattes

→ Il y a donc __ canards.

69 Calculer la moitié d'un nombre

date :

1. Calcul mental : Ajouter ou retrancher 1, 2 ou 3

2

___	___	___	___	___	___	___	___

2. Entoure la moitié et 2 complète.

_ + _ = 10 La moitié de 10 c'est ___

_ + _ = 16 La moitié de 16 c'est ___

_ + _ = 14 La moitié de 14 c'est ___

3. Complète

2

1 + ___ = 2   5 + ___ = 10   7 + ___ = 14   3 + ___ = 6

10 + ___ = 20   8 + ___ = 16   9 + ___ = 18   6 + ___ = 12

4. Devinettes

2 + 1 = 3

J'ai 12 images dans mes poches. J'en enlève la moitié. ***Combien reste-t-il d'images dans mes poches ?***

Il reste ___ images

___ + ___ = 12

La moitié de mes 20 souriceaux sont partis se promener. ***Combien de souriceaux reste-t-il ?***

Il reste ___ souriceaux

___ + ___ = 20

1. Calcul mental : Petites soustractions

2

__ __ __ __ __ __ __ __

2. Continue le calcul pour compter le nombre de bonbons.

2+1=3

__ + __ + __ + __ + __ = __

→ Il y a __ bonbons

__ + __ + __ + __ + __ + __ + __ + __ + __ = __

→ Il y a __ bonbons

3. Complète le tableau

2

quatre-vingt-cinq	___	20 + 20 + 20 + 20 + 5
quatre-vingt-huit	88	20 + __ + __ + __ + _
quatre-vingt-trois	___	20 + __ + __ + __ + _
quatre-vingt-neuf	___	20 + __ + __ + __ + _

4. Devinettes

Laura a 45 euros. Sa mamie lui donne 2 billets de 20 euros.

Combien Laura a-t-elle d'euros maintenant ?

2+1=3 **Calcule**

______________________ = __

→ Maintenant, Laura a __ euros

71 La famille du nombre 80

date :

1. *Calcul mental* : Trouve le nombre de dizaines

__ | __ | __ | __ | __ | __ | __ | __

2. Relie

14 •	• quarante-deux
42 •	• quarante-huit
81 •	• quatorze
48 •	• quatre-vingt-un

3. Complète

85 = 8 dizaines et __ unités

__ = 8 dizaines et 7 unités

83 = 80 + __

__ = 80 + 9

__ = 20 + 20 + 20 + 20 + 1

4. Complète les additions et dessine ce qui manque

86 = 50 + __ + 6	10 10 10 10 10 — 1 1 1 1 1 1
63 = 30 + __ + 3	10 10 10 — 1 1 1
82 = 20 + __ + __	10 10
74 = 40 + __ + __	10 10 10 10
80 = 70 + __	10 10 10 10 10 10 10

5. Devinettes

Quelle somme possède Jules ?

Calcule 2+1=3

________________ = _____

→ Jules possède ____ euros.

date :

1. *Calcul mental* : Ajouter des dizaines entières

__ | __ | __ | __ | __ | __ | __ | __

2. Calculer en faisant des sauts sur la file numérique.

36 + 12 = __ → je fais : 36 —(+ 10)→ ___ —(+ 2)→ ___

43 + 25 = __ → je fais : 43 —(+ 20)→ ___ —(+ 5)→ ___

3. Calculer en s'aidant des cartes à points.

32 + 24 = __

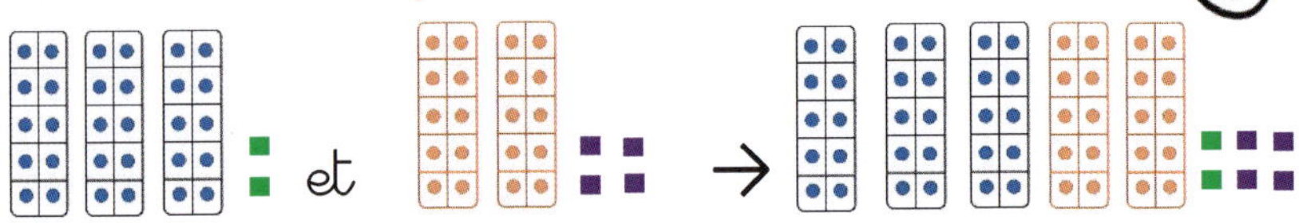

32 24 ___

25 + 43 = __

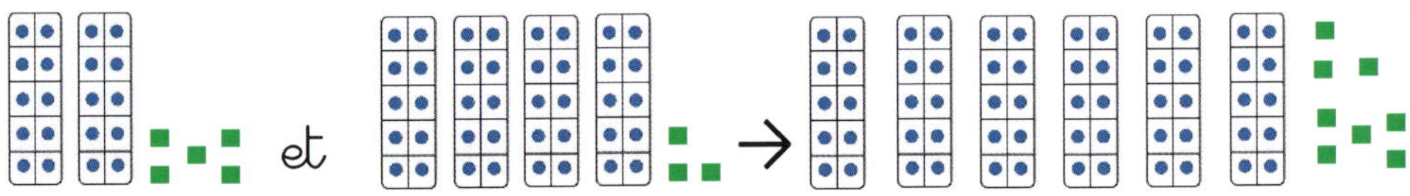

25 43 ___

4. Calculer en décomposant.

41 + 16 = __

40 + 1 + 10 + 6

__ + __ = __

32 + 23 = __

30 + 2 + 20 + 3

__ + __ = __

27 + 42 = __

20 + 7 + 40 + 2

__ + __ = __

5. Devinettes

J'ai 8 dizaines et 4 unités. Qui suis-je ? : ____

J'ai 4 dizaines et 8 unités. Qui suis-je ? : ____

73 L'addition en colonnes (1)

date :

1. Calcul mental : Dictée de nombres

__ __ __ __ __ __ __ __

2. Poser une addition en colonnes sans retenue. Complète

Pour calculer **36** + **23**, je peux poser une addition en colonnes.

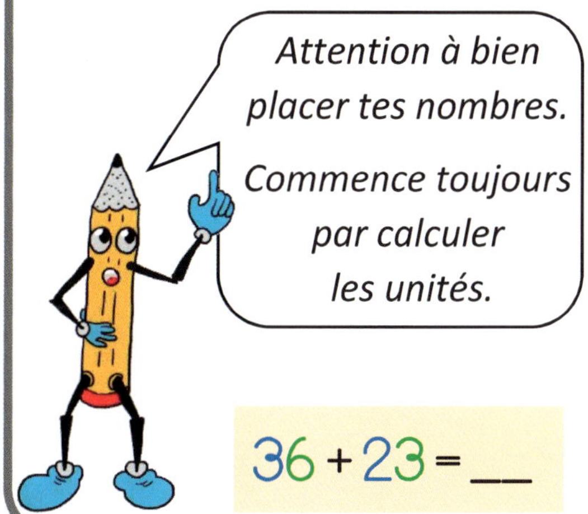

$36 + 23 =$ __

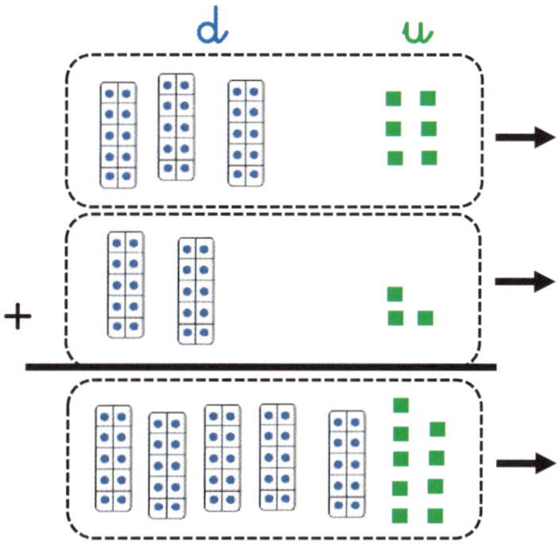

	d	u
	3	6
+	2	3
	__	__

3. Complète et calcule

$24 + 42 =$ __

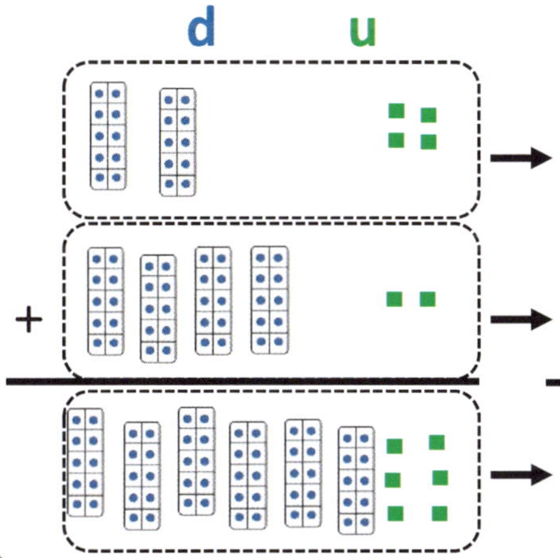

	d	u
	__	__
+	__	__
	__	__

$35 + 43 =$ __

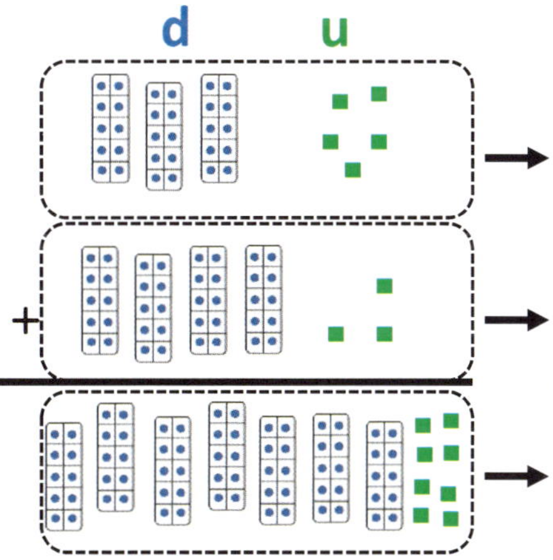

	d	u
	__	__
+	__	__
	__	__

4. Devinette

Dans la ferme, il y a **21** lapins et **26** canards.

Combien d'animaux y a-t-il en tout ?

→ Il y a __ animaux en tout.

	d	u
	__	__
+	__	__
	__	__

1. *Calcul mental* : Petites soustractions

2

__ | __ | __ | __ | __ | __ | __ | __

2. Calcule

2+1=3

	d	u
	2	1
+	5	6
=	__	__

	d	u
	3	3
+	2	4
=	__	__

	d	u
	4	5
+	1	3
=	__	__

	d	u
	1	4
+	4	5
=	__	__

3. Pose et Calcule

2+1=3

$15 + 23 = $ __

	d	u
	_	_
+	_	_
=	__	__

$32 + 27 = $ __

	d	u
	_	_
+	_	_
=	__	__

$26 + 40 = $ __

	d	u
	_	_
+	_	_
=	__	__

$34 + 23 = $ __

	d	u
	_	_
+	_	_
=	__	__

4. Devinette

Laura a ramassé 24 coquillages, **Lisa** en a ramassé 28

Qui a le plus de coquillage ? **Colorie** la bonne réponse : **Laura** | **Lisa**

Combien en a-t-elle de plus ?

Elle a __ coquillages de plus que ______

Les nombres de 80 à 99

date :

1. *Calcul mental* : Moitié, double

__ __ __ __ __ __ __ __

2. Relie les différentes écritures d'un même nombre

80+3 | 8 dizaines 5 unités | 9 dizaines | 90+6 | 90+4

79	80	81	82	83	84	85	86	87	88	89	90	91	92	93	94	95	96	97	98	99

quatre-vingts | quatre-vingt-deux | quatre-vingt-dix | quatre-vingt-dix-huit

3. Complète

85 = 8 dizaines _ unités   __ = 9 dizaines 5 unités

94 = _ dizaines _ unités   91 = __ + 1   __ = 80 + 7

4. Complète les suites de nombres

Ajoute toujours **1**

56 | 57 | __ | __ | __

Enlève toujours **1**

43 | 42 | __ | __ | __

Ajoute toujours **10**

46 | 56 | __ | __ | __

Enlève toujours **10**

91 | 81 | __ | __ | __

5. Devinette

Dans la salle d'attente du docteur Simon, il y a **9** chaises. **14** personnes voudraient s'asseoir.

Combien de chaises manque-t-il ?

→ Il manque __ chaises

1. *Calcul mental* : Décomposition de nombres de 80 à 99

___ ___ ___ ___ ___ ___ ___ ___

2. Ecris les nombres dans les cases jaunes.

0	1	2		4	5	6		8	9
				14	15	16	17	18	19
				24					
				34					
				44					
50	51	52	53	54					
				74			77		79
80				84	85				89
		92		94	95	96	97		99

3. Ecris les nombres.

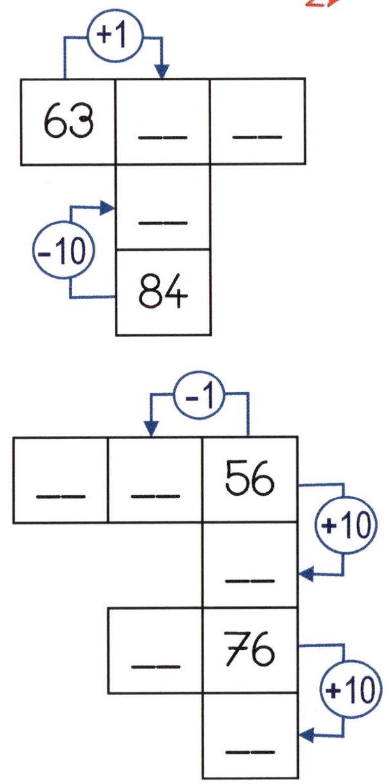

4. Devinettes : Qui suis-je ?

Mon chef de famille est 60 et j'ai 5 unités : **je suis le** ____

J'ai 4 unités et mon chef de famille est 80 : **je suis le** ____

Je suis le chef de la famille qui a 9 dizaines : **je suis le** ____

J'ai 8 unités, je suis inférieur à 70 et supérieur à 60 : **je suis le** ____

J'ai 9 unités, et 9 dizaines : **je suis le** __

Mon chef de famille est 40 et j'ai 1 unité : **je suis le** __

77 Le tableau des nombres → 99

date :

1. *Calcul mental* : Décomposition de nombres de 60 à 99

2

__	__	__	__	__	__	__	__

2. Ecris les nombres à leur place dans le tableau.

2

37	76
15	49
83	55
97	68
7	70

									9
	11						17		
			23						
								38	
					45				
50									
	61								
				74					
						86			89
		92							

3. Calcule en faisant des sauts sur la file numérique

2

54 + 13 = ___

54 —(+10)→ __ —(+3)→ __

62 + 25 = ___

62 —(+20)→ __ —(+ _)→ __

4. Devinettes :

2

Maman veut acheter une table de jardin qui coûte 93 euros.
Dans son porte-monnaie, elle a 50 euros.

Combien d'euros lui manque-t-il ?

→ Il lui manque ___ euros.

1. *Calcul mental* : **dictée de nombres**

__ __ __ __ __ __ __ __

2. Avec les étiquettes nombres trouve 6 nombres de deux chiffres puis **écris** les du plus petit au plus grand.

4 8 3 — __ __ __ __ __ __

7 9 5 — __ __ __ __ __ __

3. Ecris < ou > ou =

58 __ 81 45 __ 95 98 __ 9 dizaines

82 __ 46 97 __ 96 86 __ 80 + 6

93 __ 39 90 __ 89 60 + 7 __ 80 + 6

60 __ 90 89 __ 84 74 __ 8 dizaines

4. **Colorie** de la même couleur les étiquettes correspondant au même nombre.

quatre-vingt-huit | 95 | quatre-vingt-cinq | 80 + 8 | 85 | 88 | 90 + 8 | quatre-vingt-quinze | quatre-vingt-dix-huit | 90 + 5 | 80 + 5 | 98

5. **Colorie**

Il y a autant de bonbons verts
que de bonbons rouges
que de bonbons bleus.

Additions en colonnes (3)

date :

1. Calcul mental : Devinette tableau

2

__ __ __ __ __ __ __ __

2. Devinettes

2+1=3

Thomas a 16 euros, Lili a 43 euros.

Combien ont-ils d'euros à eux deux ?

	d	u
	__	__
+	__	__
	__	__

→ Ils ont ____ euros

Anna a 12 euros, Arthur a 6 euros, Emilie a 31 euros

Combien ont-ils d'euros à eux trois ?

	d	u
	__	__
+	__	__
+	__	__
	__	__

→ Ils ont ____ euros

3. Range les nombres du plus petit au plus grand.

2

48	59	95	84	68	76	97	14

__ __ __ __ __ __ __ __

date :

1. Calcul mental : Devinette tableau

2

__ __ __ __ __ __ __ __

2. Je pose et calcule une addition en colonne avec retenue.

2+1=3

Thomas a 16 euros, Yoan a 27 euros.

Combien ont-ils à eux deux ?

d	u
1	6
+ 2	7
__	13

→ Ils échangent **10 pièces de 1 euro** contre un billet de **10 euros**

Dessine les pièces et les billets après l'échange.

Il y a __ billets de 10 €

et __ pièces de 1 €

→ **Ils ont ____ euros**

3. Complète les tableaux puis calcule.

2+1=3

d	u
__	__
+ __	__
__	__

Il y a __ euros en tout.

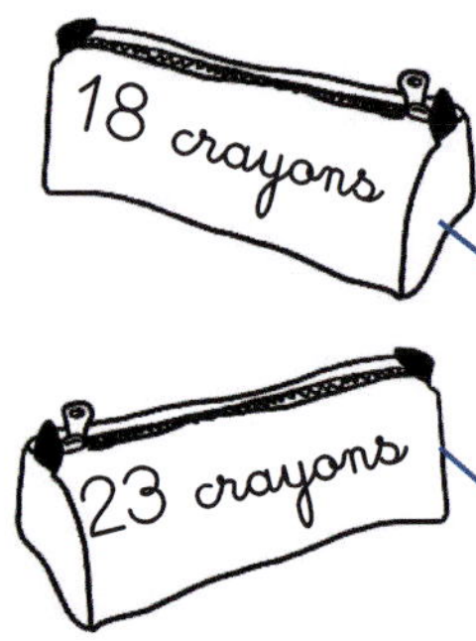

d	u
__	__
+ __	__
__	__

Il y a __ crayons en tout.

1. *Calcul mental* : Devinettes

2

_______ _______ _______ _______ _______

2. Devinettes

2+1=3

Léo a 25 euros dans sa tirelire.

Son papa lui donne 16 euros.

Combien d'euros a-t-il en tout ?

d	u
+	

Léo a ___ euros en tout.

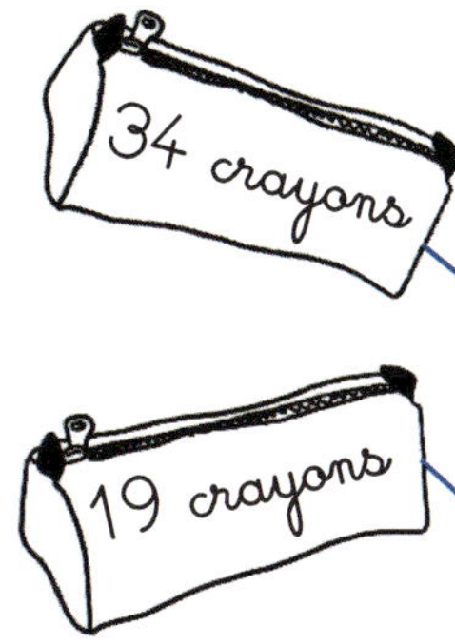

d	u
__	__
+ __	__
__	__

Il y a ___ crayons en tout.

3. Calcule

2+1=3

19	28	37	59	26
+ 12	+ 14	+ 46	+ 25	+ 38
_ _	_ _	_ _	_ _	_ _

4. Qui suis-je ?

2

Je suis un nombre entre 75 et 85. Mon chiffre des unités est 3. → Je suis ___

Je suis un nombre. Si on m'ajoute 10, on trouve 95. → Je suis ___

Je suis un nombre. Si on m'enlève 5, on trouve 70. → Je suis ___

J'ai 8 dizaines et 4 unités. → Je suis ___

A toi de jouer : J'ai _ dizaines et _ unités. → Je suis ___

1. *Calcul mental* : **Devinettes**

____ ____ ____ ____ ____

2. Pose les additions et **calcule**

37 + 14

26 + 48

13 + 29

65 + 16

d	u
+	

3. Jeu de fléchettes

Chaque enfant lance 3 fléchettes.

Calcule le nombre de points que chaque enfant a obtenu et **entoure** le gagnant.

Nombre de points obtenus

Nombre de points obtenus

Nombre de points obtenus

Printed by Amazon Italia Logistica S.r.l.
Torrazza Piemonte (TO), Italy

51730718R00049